Damit sie das Leben haben

Dominik Daschner

Damit sie das Leben haben

Ansprachen zur Bestattung

Verlag Friedrich Pustet
Regensburg

Bibliografische Information der Deutschen Nationalbibliothek

Die Deutsche Nationalbibliothek verzeichnet diese Publikation
in der Deutschen Nationalbibliografie; detaillierte bibliografische Daten
sind im Internet über http://dnb.d-nb.de abrufbar.

www.verlag-pustet.de

ISBN 978-3-7917-2387-7

Umschlaggestaltung: Atelier Seidel, Teising
Umschlagmotiv: © istockphoto/acilo
Satz: Vollnhals Fotosatz, Neustadt a. d. Donau
Druck und Bindung: Friedrich Pustet, Regensburg
Printed in Germany 2011

Gewidmet den Verstorbenen
und ihren Hinterbliebenen,
denen die hier vorgelegten Predigten galten
und die ich in ihrem Sterben und in ihrer Trauer
seelsorglich begleiten durfte.

Inhalt

ANSPRACHEN MIT BEZUG ZUR KIRCHENJAHRESZEIT

ANSPRACHEN MIT BEZUG ZUM BERUF DES VERSTORBENEN

ANSPRACHEN BEI BESONDERS
TRAGISCHEN STERBEFÄLLEN

ANSPRACHEN IN BESONDEREN SITUATIONEN

Vorwort

Im Jahr 2006 habe ich unter dem Titel „Deine Toten werden leben“ im Verlag Friedrich Pustet, Regensburg, einen ersten Band mit Beerdigungsansprachen herausgebracht. Die gute Resonanz, die diese Publikation erfahren hat, hat mich darin bestärkt, hiermit einen weiteren Band mit Ansprachen zur Bestattung Verstorbener vorzulegen. Dem Verlag und seinem Lektor Dr. Rudolf Zwank sei an dieser Stelle für die ermutigende und erfreuliche Zusammenarbeit beim Zustandekommen des Buches gedankt.

„Damit sie das Leben haben“, so ist der Predigtband überschrieben. Mit diesem Wort fasst Jesus dem Johannesevangelium zufolge (Joh 10,10b) einmal seine eigene Sendung zusammen und benennt damit zugleich das Ziel, auf das unser menschliches Dasein zusteuert. Jesus ist gekommen, damit die Menschen „das Leben haben und es in Fülle haben“. Leben, erfülltes Leben sogar, Leben in Fülle ist demzufolge Zweck und Ziel unseres irdischen Daseins, das dem Menschen von Gott her zugedacht ist.

Vom Leben ist also zu reden bei der Bestattung Verstorbener: von der konkreten Lebensgeschichte der/des Verstorbenen und ebenso vom ewigen Leben, das uns der christliche Glaube verheißt. Beides ist in der Beerdigungsansprache zusammenzubringen. Diesem Konzept, biografisch orientiert zu predigen – das biblische Kerygma mit der persönlichen Biografie der/des Verstorbenen zu verknüpfen –, folgen – wie auch schon im ersten Band – die hier vorgelegten Ansprachen.

Von der christlichen Hoffnungsbotschaft her ist das Leben und Sterben des verstorbenen Menschen zu beleuchten und zu deuten, von dem es in dieser Feier Abschied zu nehmen gilt. Predigthörern bei einer Bestattungsfeier ist nicht an einer exegetischen Abhandlung gelegen, sie wollen stattdessen hören, was sie vom christlichen Glauben her für dieses unverwechselbare Menschenleben hoffen dürfen. Woran in der individuellen Lebens- und Glaubensgeschichte dieser/dieses Verstorbenen lässt sich in Verbindung mit dem Zeugnis der Heiligen Schrift solche Hoffnung festmachen? Wo hat die/der Verstorbene mit ihrem/seinem Leben etwas von gelebter Christusnachfolge verwirklicht? Genauso darf – allerdings immer mit dem Bemühen um Verständnis dafür, nie in abwertender oder verurteilender Weise – in der Predigt benannt werden, wo solches in der Biografie der/des Verstorbenen offen oder gar schuldig geblieben ist. Ebenso erwarten sich Predigthörer bei Begräbnisgottesdiensten Antwort auf ungeklärte Fragen, die sich möglicherweise im Blick auf das Leben bzw. die Umstände des Sterbens der/des Verstorbenen ergeben. Auch solche Fragen, die das Leben an uns stellt, sind dabei anzusprechen.

Ansprachen zur Bestattung haben lebensvoll und hoffnungsstark zu sein; so erfüllen sie ihre Aufgabe, aus dem christlichen Glauben heraus Trost zu spenden. Ich hoffe, dass die hier vorgelegten Predigten diesen selbst gesetzten Anspruch in den Augen der Leser erfüllen.

Alle Ansprachen in diesem Band sind dem Leben abgelauscht; nichts davon ist am grünen Tisch erfunden oder gezielt ausgedacht. Als Seelsorger und Prediger hat man sich dem Leben zu stellen, so wie es nun einmal ist. Allen Predigten liegen deshalb Sterbefälle zugrunde, so wie sie das Leben in einer niederbayerischen Pfarreiengemeinschaft schreibt. Unter der – immer noch überwiegend christlich geprägten – bayerischen Landbevölkerung gibt es neben bäuerlich-ländlich geformten Lebensläufen mittlerweile auch viele eher städtisch geprägte Biografien. Die hier vorgelegten Ansprachen bieten einen guten Querschnitt daraus.

Das Lokalkolorit ist in den Predigten mitunter auch in Form mundartlicher Ausdrücke und Wendungen erkennbar, deren Bedeutung sich aber aus dem Zusammenhang ergibt; andernfalls werden sie in einer Fußnote erläutert. Ebenso wurde der umgangssprachlich gefärbte Sprachstil der Predigten für die Veröffentlichung nicht verändert, um die Lebendigkeit des gesprochenen Wortes zu bewahren, das hier sozusagen für den Leser lediglich eingefroren wurde.

Wie bei einer Bestattung vom Leben zu reden ist, so handelt es sich auch bei der Predigtarbeit um einen lebendigen Vorgang. Leben vollzieht sich im Austausch mit anderen. So ist in die vorliegenden Ansprachen manches eingeflossen, das man selbst irgendwann gehört oder irgendwo gelesen hat. Die Herkunft aller Anregungen, die ich in den vorliegenden Texten solcherart verarbeitet habe, einzeln nachzuweisen, ist nicht möglich. All denen, die auf die eine oder andere Weise zu Impulsgebern für die hier dargebotenen Predigten geworden sind, sei auf diesem Wege dafür gedankt. Wenn die Ansprachen in diesem Band nun ihrerseits anderen Prediger(inne)n Anregung geben können, bei einem christlichen Begräbnis das Leben Verstorbener aus dem Glauben heraus zu deuten und die Hörer für die hoffnungsvolle christliche Botschaft der Auferstehung und des ewigen Lebens aufzuschließen, dann hat dieses Buch seinen Sinn erfüllt, nämlich dem Leben zu dienen – „... damit sie das Leben haben".

P. Dominik Daschner OPraem

Ansprachen bei der Bestattung alter Menschen

Lasst die Kinder zu mir kommen!

Seit mehr als 45 Jahren lebte die zweifach verwitwete Frau alleinstehend. Sie hatte ein großes Herz für Kinder. Zusätzlich zu ihren eigenen nahm sie im Krieg zwei Kinder vorübergehend an; die Kinder, die ihr zweiter Mann mit in die Ehe brachte, behandelte sie wie ihre eigenen; im nahe gelegenen Kindergarten, wo sie 20 Jahre lang gearbeitet hat, hat sie viel für Kinder getan. Den Ordensschwestern, die den Kindergarten damals leiteten, war sie eng verbunden.

Lesung: Röm 6,3–9
Evangelium: Mk 10,13–16

Kinder sind unsere Zukunft – so sagen wir manchmal. Den Kindern gehört die Zukunft. Das hat offenbar auch Jesus so empfunden. Darum hatten es ihm die Kinder immer besonders angetan. Als die Jünger einige Frauen wegschicken wollen, die ihre Kinder zu ihm bringen, damit er sie segnet, da weist er seine Jünger zurecht und erklärt ihnen: „Lasst die Kinder zu mir kommen; ... Menschen wie ihnen gehört das Reich Gottes." Menschen, die das Reich Gottes so annehmen können wie ein Kind, denen gehört das Himmelreich, so ist Jesus überzeugt.

Diese Szene von der Segnung der Kinder mag vielleicht etwas ungewöhnlich erscheinen als Evangelium zur Beerdigung einer Frau, die vor Kurzem ihren 90. Geburtstag gefeiert hat. Ich habe sie trotzdem für heute ausgesucht, weil dieser Satz Jesu – „Lasst die Kinder zu mir kommen!" – genauso gut aus dem Mund Ihrer verstorbenen Mutter hätte stammen können. „Lasst die Kinder zu mir kommen!" – das könnte als Überschrift über ihr Leben geschrieben stehen. Denn der Einsatz für Kinder zieht sich wie ein roter Faden durch die vielen Stationen ihres Lebens. Darin ist sie Jesus ähnlich geworden.

Geboren und aufgewachsen ist sie in Österreich. Auch wenn sie schon Jahrzehnte aus ihrer Heimat weggezogen war, so merkte man ihr diese Herkunft immer noch an: ihr leicht österreichisch gefärbter Dialekt, der trockene Wiener Humor, mit dem sie so manches Zeitgeschehen kommentierte, der etwas sture Kopf, den sie manchmal auch haben konnte. So habe ich sie erlebt, wenn ich zur monatlichen Krankenkommunion bei ihr war. Geistig fit war sie ja bis zuletzt, auch wenn die Beine und das Herz nicht mehr so recht wollten. Dass sie bis wenige Tage vor ihrem Tod daheim in den eigenen vier Wänden leben konnte, damit haben Sie, liebe Familie *N.* und Familie *N.*, ihr ein großes Geschenk gemacht.

Im Krieg wurde Frau *N.* vom Militär als Schwesternhelferin ins Sudetenland verpflichtet. Da sagte sie zum ersten Mal ihr „Lasst die Kinder zu mir kommen!" Als ihr ein Offizier nach der Bombardierung des Ortes zwei Kinder anvertraute, deren Eltern verschollen waren, da versorgte sie die beiden nicht nur vorübergehend, sondern nahm sie zusätzlich zu ihren eigenen an Kindes statt an und ersetzte ihnen für einige Jahre die Mutter, bis ihr leiblicher Vater sie nach dem Krieg wieder zu sich nehmen konnte. Und das alles in einer Situation, in der für sie selbst die Zukunft alles andere als klar war!

Als sie nach der Vertreibung hierher nach *N.* kam und zum zweiten Mal heiratete, da brachte ihr Mann zwei bereits halbwüchsige Kinder mit in die Ehe. Wieder sagte sie: „Lasst die Kinder zu mir kommen!" Sie sagte es nicht nur, sondern war ihren angeheirateten Kindern eine wirkliche Mutter, auch wenn das Verhältnis nicht zu beiden gleich einfach war. Eine lange Ehe war ihr leider auch dieses Mal nicht vergönnt. 1956 starb ihr zweiter Mann, nachdem sie ihn aufopfernd gepflegt hatte, an den Spätfolgen der Misshandlungen im Krieg.

Nun, als alleinstehende Frau, hören wir aus dem Mund Ihrer Mutter wieder das für sie so typische „Lasst die Kinder zu mir kommen!" 20 Jahre lang hat sie von da an im *N.*er Kindergarten gearbeitet. Ja, eigentlich nicht nur gearbeitet: Sie hat mit den Kindergartenkindern und den Ordensschwestern gelebt. Sie gehörte fast schon zur kleinen Ordensgemeinschaft im Kindergarten mit dazu. Dass Sie, ehrwürdige Schwestern, heute zu ihrer Beerdigung eigens angereist sind, ist ein schönes Zeichen und zeigt diese enge Verbundenheit mit unserer Verstorbenen.

Die Kinder und der Kindergarten, das waren ihr Ein und Alles. Auch in ihrem hohen Alter hat sie sich immer noch für den Kindergarten interessiert. Von ihrem Fenster aus konnte sie ja zum Kindergarten hinüberschauen; und sie hat das oft und oft mit Interesse getan. „Lasst die Kinder zu mir kommen!" – dieses Wort hat Ihre Mutter wirklich gelebt. So haben sie viele *N.*er kennen und schätzen gelernt.

Liebe Schwestern und Brüder, in den Kindern sah Jesus die Zukunft für das Reich Gottes liegen. Ich denke, dass sich unsere Verstorbene ihre Liebe zu den Kindern von ihm abgeschaut hat. „Bist du der Gott, der Zukunft mir verheißt?", so singen wir in einem religiösen Lied. *N. N.* war eine Frau, die Vertrauen in die Zukunft hatte. Die Stationen ihres Lebenslaufes zeigen das dort, wo sie auch nach schweren Schicksalsschlägen immer wieder mutig neu angefangen hat. Sie hatte Vertrauen in den Gott, der Zukunft uns verheißt. Durch die Taufe wusste sie sich von ihm als sein Kind angenommen.

Wer getauft ist, der heißt und ist ein Kind Gottes. Und wieder gilt, dass den Kindern die Zukunft gehört, den Kindern Gottes nämlich. Wer getauft wird, der wird getauft auf Christi Tod – so hat es der Apostel Paulus in der Lesung formuliert. Der ist mit Christus mitgestorben und mitbegraben, damit er auch mit Christus auferweckt wird. Das ist die Zukunft, die Gott uns verheißt: dass wir mit Christus auferweckt werden und angenommen sind als Kinder des Himmels.

Liebe Familie *N.*, dass Ihre verstorbene Mutter nun als Kind des Himmels angenommen ist, darauf dürfen wir mit großer Zuversicht vertrauen. Denn dort – im Himmel – war ihr Leben fest verankert. Im Gebet, in der Mitfeier der Gottesdienste, zuletzt, als sie nicht mehr aus dem Haus konnte, durch die monatliche Krankenkommunion. Aber auch durch ihre bescheidene und hilfsbereite Art, die sie überall da zupacken ließ, wo Hilfe nötig war – egal ob sie dafür etwas bezahlt bekam oder um Gottes Lohn; wohl häufig genug eher um Gottes Lohn. Sie war eine, die das Reich Gottes angenommen hat wie ein Kind. Vielleicht hat sie sich das von den Kindern abgeschaut, mit denen sie ein Leben lang umgegangen ist.

Liebe Familie *N.*, liebe Angehörige, so wie ich Ihre verstorbene Mutter kennengelernt habe, und nach dem, was mir in den letzten Tagen viele *N.*er über sie erzählt haben, bin ich sehr zuversichtlich, dass Christus bei ihrem Sterben ausgerufen hat: Lasst mein Kind, lasst die *N.* zu mir kommen! So wie damals, als man Kinder zu ihm brachte, damit er sie segne. Und dass sie von ihm den ewigen Segen erhalten hat; dass sie nun aufgenommen ist in sein Himmelreich.

Lebensabend

Als Hausmädchen kam Frau N. zur Familie des örtlichen Busunternehmers. Selbst ehe- und kinderlos, hat sie ihr Leben lang engen Kontakt zu dieser Familie gehalten. Persönlich bescheiden und sparsam, war sie anderen gegenüber sehr großzügig. Busreisen waren ihre Leidenschaft. Im Ort und in der Pfarrei hat sie zahlreiche gesellige Kontakte gepflegt. Der Glaube an Christus war der Halt ihres Lebens; täglich hat sie den Gottesdienst mitgefeiert. Ein besonders inniges Verhältnis hatte sie zu ihrer Großnichte und ihrem Großneffen, die sie bis zuletzt liebevoll umsorgt haben.
Ein Jahr nach einer Krebsoperation ist sie 82-jährig verstorben.

Lesung: Offb 3,14b.20–22
Evangelium: Lk 24,13–16.28–35

Es gibt im Deutschen das schöne Wort vom „Lebensabend" für die Zeit, wenn jemand die mühsame Aufbauphase von Schule und Ausbildung und die Mittagshitze der vollen beruflichen Beanspruchung hinter sich hat und nun in Ruhe das milde Abendlicht seines Lebens genießen kann. In diese Lebensphase war unsere verstorbene *N. N.* mit ihren 82 Jahren schon seit Längerem eingetreten.

Nach einer kurzen Jugend in *N.* ist sie nach ihrem Schulabschluss mit 15 Jahren zum damaligen Busunternehmer *N.* nach *N.* als Hausmädchen gekommen. Jahrzehntelang ist sie dort geblieben, wo sie sich wohlfühlte und quasi als größere Schwester fast mit zur Familie gehörte. Diese enge Beziehung zur Familie *N.* ist bis auf den heutigen Tag geblieben. *N. N.* ist dort als Nenn-Tante ein und aus gegangen, hat Kinder und Enkelkinder mit großziehen geholfen. Selber ist sie ein Leben lang ohne eigene Familie geblieben.

Als Mitarbeiterin in einem Busunternehmen hat sie die dadurch sich bietende Möglichkeit zu allerhand Reisen genutzt. Das war ihr Hobby. So hat sie zum Beispiel mit dem Bus alle großen europäischen Wallfahrtsorte bereist. Auch im Alter noch ist sie immer gerne auf Pfarrausflüge, mit dem Seniorenklub oder bei der jährlichen Altötting-Wallfahrt mitgefahren.

Gewohnt hat unsere Verstorbene in dieser Zeit in ihrem kleinen Häuschen am Waldrand in *N.*, wo sie liebevoll ihren Garten bestellt hat. Besonders ihre Rosen hat sie geliebt. In all dieser Zeit war sie eng verbunden mit Ihnen, Familie *N.*, der Familie ihres Neffen. Euch beide, ihre Großnichte und ihren Großneffen *N.* und *N.*, hat sie ganz besonders ins Herz geschlossen. Das Verhältnis zwischen euch und eurer Großtante war wohl schon ein ganz besonderes, außergewöhnliches. Und ihr habt sie liebevoll bis in die letzten schweren Stunden ihres Lebens hinein begleitet.

Nach ihrer Zeit beim Busunternehmen *N.* und noch einigen Jahren als Putzfrau in der Klinik der Barmherzigen Brüder in *N.* konnte Ihre verstorbene Tante ihren wohlverdienten Ruhestand antreten und ihren Lebensabend genießen. Das hat sie wirklich getan: mit ihrem trockenen Humor; in engem Kontakt mit den Menschen, die ihr nahegestanden sind, hilfsbereit ihre Dienste anbietend; in Geselligkeit bei Kaffeekränzchen mit einem ausgeprägten Faible für Torten; beim Einkaufenfahren in die Stadt nach *N.*, wobei es ihr dabei mehr darum ging, die Stadtluft zu schnuppern, als wirklich etwas zu kaufen. Denn *N. N.* hat nicht viel für sich gebraucht. Sie hat selber sehr sparsam gelebt. Umso großzügiger war sie anderen gegenüber: zu ihrer Nichte und ihren Neffen; aber auch über die Verwandtschaft hinaus hat sie andere finanziell unterstützt. So weiß ich zum Beispiel, dass sie einigen Priesterstudenten immer wieder etwas hat zukommen lassen, um mitzuhelfen, ihr Studium zu finanzieren. Auch sonst war Ihre verstorbene Tante ein ausgesprochen hilfsbereiter Mensch. Sie hat ein waches Ohr dafür gehabt, wo Christus in Menschengestalt bei ihr an die Tür klopft, wie es in der Lesung geheißen hat, und hat ihm geöffnet. Das macht uns zuversichtlich, dass Christus an ihr sein Versprechen wahr machen wird, das er uns mit diesem Wort gibt: „Wer meine Stimme hört und die Tür öffnet, bei dem werde ich eintreten und mit ihm Mahl halten, ich mit ihm und er mit mir. Wer siegt, der darf mit mir auf meinem Thron sitzen."

Ein schöner Lebensabend, den unsere Verstorbene gehabt hat. In letzter Zeit war bei ihr jedoch immer deutlicher zu erkennen, dass sich der Abend ihres Lebens mehr und mehr geneigt hatte, dass so ganz allmählich das Ende ihres Lebens heraufgedämmert ist. Zu ihrem Parkinson-Zittern, das sie sehr behindert hat, kam schließlich der Befund: Brustkrebs. Die Operation, auf den Tag genau vor einem Jahr, und die anschließende Reha schienen erfolgreich gewesen zu sein. Sie hatte sich von dieser Krise wieder sehr gut erholt. Doch vor einem Vierteljahr brach dieselbe Krankheit von Neuem aus – schlimmer als zuvor. Nach mehreren Krankenhausaufenthalten – gut gepflegt und begleitet von *N.* und *N.* – war ihre Lebenskraft erschöpft. Am *[Datum]* hat die Nacht des Todes sie in sich aufgenommen und ihr damit weiteres Leiden erspart. Der Tod hat es am Ende mit ihr gnädig gemeint.

Liebe Schwestern und Brüder, wenn wir auf das Sterben von *N. N.* schauen, dann ist es wohl so, wie es ein Wort beschreibt, das man gelegentlich auf Sterbebildern lesen kann: „Man sieht die Sonne langsam untergehen, und erschrickt dennoch, dass es plötzlich Nacht ist." Wir haben das Lebensende bei unserer Verstorbenen langsam herannahen sehen und uns darauf einstellen können. Doch wenn es dann da ist, trifft es uns doch hart, dass das Licht, das ein lieber Mensch verbreitet hat, plötzlich erloschen ist. Dass ein lieber Mitmensch, den wir hier in *N.* gekannt und geschätzt haben, nun nicht mehr unter uns weilt.

„Bleib doch bei uns; denn es wird bald Abend, der Tag hat sich schon geneigt", so bitten die beiden Emmausjünger Christus, der unerkannt mit ihnen auf dem Weg war. Ich könnte mir vorstellen, dass unsere Verstorbene dieses Wort der Emmausjünger sich als ihr Stoßgebet zueigen gemacht hat, als sie gespürt hat, dass das Ende ihres Lebens heraufdämmert. Denn *N. N.* ist ihr Leben lang bei Christus geblieben. Wie die Emmausjünger ist sie Seite an Seite mit dem auferstandenen Christus durchs Leben gegangen. Sie hat in unserer Pfarrei all die Jahre fast keinen Gottesdienst ausgelassen. Fast täglich hat sie bei der Kommunion mit ihrem Herrn Mahl gehalten. Ohne ihren Rosenkranz, ohne Weihwasser und Kreuz, diese handfesten Zeichen für ihren Glauben, konnte sie nicht sein; selbst im Notarztwagen auf dem Weg ins Krankenhaus mussten sie mit. Der Glaube an Christus, das war der große Halt im Leben unserer Verstorbenen. Ihm hat sie im Gebet alles erzählt und mit ihm besprochen: ihre Freuden und Sorgen, ihre Wünsche und Hoffnungen, die erfüllten und die enttäuschten – so wie die beiden Jünger unterwegs nach Emmaus.

Alles das, liebe Familie *N.*, liebe Schwestern und Brüder, darf uns zuversichtlich stimmen, dass Christus nun, da der Abend ihres Lebens sich geneigt hat und die Nacht des Todes sie aufgenommen hat, dass Christus sich ihr nun ganz zu erkennen gibt, so wie er es mit den beiden Emmausjüngern am Abend beim Brotbrechen getan hat, und sie ihren auferstandenen Herrn im Licht des Ostermorgens von Angesicht zu Angesicht schauen darf.

Denn ein geflügeltes Wort sagt: „Die Mitte der Nacht ist der Anfang des Tages." Seit dem Ostersieg Christi über den Tod haben wir die Hoffnung, dass unser Leben im Sterben nicht einfach in ewiger Nacht versinkt, sondern dass uns jenseits der Nacht des Todes ein neuer Ostermorgen aufgeht. Wir dürfen glauben, dass wir, wenn wir die tiefste Nacht unseres Lebens – den Tod – durchschritten haben, dass wir dann drüben angekommen sind in jenem neuen, immerwährenden Morgen der Auferstehung. So wie wir im kirchlichen Stundengebet beim Gedächtnis der Verstorbenen im Hymnus singen: „Wenn wir im Tode leiblich zerfallen, sind wir im Geist schon über der Schwelle ewiger Nacht."

Unten und oben

Aus einfachen Verhältnissen hat sich der 82-jährige Verstorbene hochgearbeitet zum Betriebsleiter und Prokuristen einer angesehenen Maschinenbaufirma. Die Firma war sein Leben, hinter der das Familienleben oft zurückstehen musste. Im eigenen Erfolg hat er sich nicht über andere erhoben, sondern eine sehr soziale Gesinnung erkennen lassen.

Lesung: Kol 3,1–4
Evangelium: Joh 3,1–15

„Von Neuem …“ und „von oben …“ – immer wieder tauchen diese beiden Ausdrücke im Evangelium vom nächtlichen Gespräch Jesu mit Nikodemus auf, das wir gerade gehört haben. Im Griechischen ist es das gleiche Wort ἄνοθεν, das beides bedeuten kann: „von oben“ und „von Neuem“. Und mit diesem Wort spielt der Evangelist Johannes, um darin die ganze Bewegung des Christusgeschehens einzufangen: Von oben auf die Erde herab geht sein Weg, und wieder hinauf zum Vater im Himmel. Jesus Christus ist von oben, von Gott, zu uns Menschen herabgekommen, um uns in unserer menschlichen Schwachheit als Erlöser zur Seite zu springen. „Zu unserem Heil ist er vom Himmel herabgekommen“, wie es im großen Glaubensbekenntnis heißt. Das feiern wir jedes Jahr an Weihnachten. Am Ende seines irdischen Weges ist er zum Vater heimgekehrt, ist wieder in den Himmel hinaufgestiegen. Nach Kreuz und Grab hat ihn Gott zu einem neuen, ewigen Leben auferweckt. Das feiern wir an Ostern, das bedenken wir jetzt in der Osterzeit. Auch Jesu Tod am Kreuz – so erkennt der Evangelist Johannes dabei – ist darum schon Teil dieser Erhöhung zum Vater. Und in diese Bewegung nach oben, hinauf zum Vater im Himmel, sind alle die mit hineingenommen, die zu Christus gehören. Der Menschensohn muss erhöht werden, schreibt der Evangelist, „damit jeder, der an ihn glaubt, in ihm das ewige Leben hat“, damit er von Neuem, von oben geboren wird für das Reich Gottes.

Oben und unten, herabkommen und hinaufsteigen, das charakterisiert die Geschichte Gottes mit uns Menschen. Auch in unserem menschlichen Umgang untereinander geht es oft genug um oben und unten. Aber unser Gott handelt nicht von oben herab. Wir wollen auch nicht gerne von oben herab behandelt werden. Dafür haben Menschen ein feines Gespür. Nein, nicht von oben herab handelt Gott an uns. Er wird in Jesus selbst Mensch, geht mit uns auf Augenhöhe, um uns vom Tod zu neuem Leben zu führen. Diese Wahrheit zieht sich wie ein roter Faden durch die Bibel. Gott ist nicht einfach ein fremdes, höheres Wesen, weit weg von uns, sondern ein menschenfreundlicher, naher Gott, der mitfühlt mit den Nöten seiner Geschöpfe; der dort ist, wo wir unten sind; der unserer Not aufhelfen will, damit wir wieder obenauf sind. Und er hat Macht, das zu tun; auch dann noch, wenn wir im Tod ganz unten, am Tiefpunkt unserer Existenz angelangt sind.

Unten und oben – diese Dynamik prägt auch das Leben bei Ihrem verstorbenen Ehemann, Ihrem Vater, Schwiegervater, Opa, Bruder, Schwager und Onkel. Er hat zunächst nicht zu „denen da oben" gehört. Als Nachfahre elsässischer Auswanderer wurde er 1927 in Jugoslawien als Kind einer Gastwirts- und Winzerfamilie geboren. Mit 17 Jahren hat man *N. N.* vom Gymnasium weggeholt und zum Militär eingezogen. Verwundet ist er in Österreich in amerikanische Kriegsgefangenschaft geraten, wo er dann das Kriegsabitur machen konnte. 1948 haben Sie, liebe Frau *N.*, Ihren Bruder über das Rote Kreuz ausfindig gemacht und ihn zu sich nach *N.* geholt. In ganz bescheidenen Verhältnissen hat das Leben unseres Verstorbenen hier einen Neuanfang genommen: in sehr beengten Wohnverhältnissen, als Arbeiter in einer Ziegelei.

Aber *N. N.* hat sich nach oben gearbeitet. Über eine Anstellung in der Kunststoff-Branche in Rheinland-Pfalz und den anschließenden Besuch der Handelsschule in *N.* ist er zur Firma *N.* gekommen, wo er bald Betriebsleiter geworden und später zum Prokuristen aufgestiegen ist. In dieser Funktion hat er sich um den Verkauf gekümmert: auf Industriemessen im In- und Ausland, im engen Kontakt mit seinen Kunden, die ihn oft auch zuhause angerufen oder aufgesucht haben, wenn es eine Frage oder ein Problem gegeben hat, zum Teil sogar bis vor ein paar Wochen noch. Dabei war er doch eigentlich schon seit 20 Jahren in Pension. Mit 63 Jahren hatte *N. N.* eigentlich im Beruf aufgehört, aber dann doch noch fünf Jahre in der Firma weitergearbeitet, fast wie zuvor. Und auch danach hat ihn sein Beruf nie ganz losgelassen. Die Arbeit, die Firma – ja, das kann man wohl so sagen –, das war sein Leben.

Dass das Familienleben dafür oftmals zurückstehen musste – die gemeinsame Zeit mit seiner Ehefrau, mit der er fast auf den Tag genau 50 Jahre verheiratet war, und mit seinen beiden Kindern, denen er die Voraussetzungen und das Umfeld für eine sorgenfreie Kindheit und Jugend geschaffen hat –, das hat er selbst bedauert. Im gemeinsamen Familienurlaub, beim Camping, wo er im Gegensatz zu seinem sonstigen Leben auch mal leger sein durfte, war es möglich, Zeit füreinander zu haben; im Alltagsleben hat ihn sein Beruf weitgehend in Beschlag genommen. Und er hat darin großen Erfolg gehabt. *N. N.* hat es im Beruf bis weit nach oben gebracht.

Dennoch ist er nicht abgehoben, hat sich in seinem Erfolg nicht über andere erhoben. Er hat sich ein gutes Gespür bewahrt für jene, die nicht zu den Großen dieser Welt gehören. Das hat sich geäußert in seiner sozialen Gesinnung, wie auch in seinem Umgang mit den Arbeitern in der Firma, deren Vorgesetzter er gewesen ist. Jeder einzelne Mensch war ihm dabei wertvoll und wichtig. *N. N.* hat ein gutes Gespür für seine Mitmenschen gehabt.

Das gleiche Geschick in der Personenführung hat unser Verstorbener auch in seiner Eigenschaft als Vorstand der Judo-Abteilung des TSV *N.* erkennen lassen. Elf Jahre lang hat er diese Funktion ausgeübt, später ist er zum Ehrenvorstand ernannt worden. Obwohl er den Judo-Sport nicht selbst ausgeübt hat, sondern über den Sport seiner Kinder zu dieser Aufgabe gekommen ist, hat er auch hier Verantwortung übernommen und ist für die Judokas immer wie ein Vater gewesen.

Liebe Familie *N.*, mit seiner gelebten Mitmenschlichkeit ist Ihr Ehemann, Vater und Schwiegervater dem Beispiel Gottes gefolgt, der uns Menschen nicht von oben herab behandelt, sondern in Jesus auf Augenhöhe mit uns Menschen gegangen ist. Und auch Jesus hat jeden Menschen, der ihm begegnet ist, mit Wertschätzung behandelt, unabhängig von dessen Herkommen oder Lebensumständen, weil alle Kinder Gottes sind, und damit untereinander Brüder und Schwestern. Damit hat unser Verstorbener etwas sehr Wesentliches unserer christlichen Sicht vom Menschen verwirklicht. Christlicher Glaube äußert sich eben nicht nur in Gebeten und frommen Worten, sondern auch in der Art und Weise, wie wir mit anderen umgehen.

Darin hat der Glaube, auf den *N. N.* getauft worden ist, wohl seinen sichtbarsten Ausdruck gefunden. In der Taufe ist er, wie Jesus zu Nikodemus sagt, von Neuem, von oben geboren worden zum ewigen

Leben. Das gottesdienstliche, geistliche Leben ist bei der vielfachen beruflichen und sonstigen Beanspruchung im Leben unseres verstorbenen Bruders demgegenüber zurückgetreten. Dass sein Leben dennoch ein gläubiges Fundament hatte, davon spricht eine Kleinigkeit, die Sie, Frau *N.*, mir erzählt haben. Am Abend im Bett hat sich Ihr Mann immer wieder in die Nacht hinein von Ihnen verabschiedet mit dem Gruß: „Wenn der da oben es will, sehen wir uns morgen wieder." Das lässt erkennen, dass unser Verstorbener sehr wohl mit Gott gerechnet hat, dass er seinen Sinn trotz alles irdischen Erfolgs seines Lebens, wie es die Lesung formuliert hat, auch auf das Himmlische gerichtet hat, auf das, was droben ist.

Zu dem da oben, zu Gott, ist er nun heimgegangen. Und der, so dürfen wir vertrauen, wird sein Leben nicht von oben herab beurteilen, sondern mit dem Blick der Anerkennung für all das Gute in seinem Leben und mit dem Blick der Barmherzigkeit für das, was er schuldig geblieben ist oder wo er an anderen schuldig geworden ist. Denn, so sagt es das Evangelium: Es ist ja der Wille Gottes, dass jeder, der an Christus glaubt, in ihm das ewige Leben hat. So dürfen wir zuversichtlich glauben, dass Ihr Ehemann und Vater, Ihr Schwiegervater, Bruder, Schwager, Opa und Onkel mit seinem Leben nun wirklich ganz oben angekommen ist: in jenem neuen und ewigen Leben, das uns Christus erschlossen hat.

Ein Herz mit einer Schwäche für die Menschen

Die herzkranke 69-jährige Witwe und ehemalige Gastwirtin starb in Erwartung ihrer Herzoperation. Nicht nur beim geliebten Kartenspiel war bei ihr Herz Trumpf, auch als Ehefrau und Mutter sowie ihren Mitmenschen gegenüber.

Lesung: Jes 49,14–16a
Evangelium: Mt 25,31–46

Ein Herz hat aufgehört zu schlagen. Von einem Herzschlag auf den anderen ist alles anders geworden, hat sich die Welt für Sie als Familie verdunkelt. Ein gutes Mutterherz ist nicht mehr; das tut im Herzen weh. „Die Mutter war's; was braucht's der Worte mehr!?" – so ist deshalb immer wieder treffend in Todesanzeigen zu lesen.

Ihre Mutter hatte ein schwaches Herz. Mit ihren 69 Jahren sollte sie deshalb eine neue Herzklappe erhalten. Zur Vorbereitung auf diese Operation war sie in *N.* im Krankenhaus. Um ihr diese Wartezeit abzukürzen, haben Sie Ihre Mutter dort immer wieder besucht. Noch am Sonntag, zwei Tage vor ihrem Tod, haben Sie am Krankenbett mit ihr Karten gespielt, was sie für ihr Leben gern getan hat. Doch ihre Zeit hat nicht mehr bis zur rettenden Operation ausgereicht. Am Dienstag vor einer Woche ist sie bei einer neuerlichen Herzattacke doch recht plötzlich und überraschend gestorben. Ihr schwaches Herz hat einfach aufgehört zu schlagen.

Zu schlagen angefangen hat dieses Herz in *N.* Auf dem elterlichen Bauernhof mit neun Geschwistern aufgewachsen, hieß es für *N. N.* schon früh, tüchtig mit anzupacken. Von klein auf hat sie gelernt, hart zu arbeiten. Und so war auch ihr weiteres Leben: geprägt von Arbeit in der Gastwirtschaft und der Metzgerei. Dennoch ist sie immer ein lustiger Mensch gewesen: stets mit einem freundlichen Wort auf den Lippen und zu einem Scherz aufgelegt.

1956 hat unsere Verstorbene ihren Mann *N.* geheiratet. Gemeinsam haben sie sich selbstständig gemacht und – so haben Sie, liebe Angehörige, es formuliert – „die Welt erobert", indem sie in unterschiedlichen Ecken Bayerns nacheinander verschiedene Gastwirtschaften mit Metzgerei gepachtet haben. Ihre Mutter, Schwiegermutter und Schwester war mit ganzem Herzen Gastwirtin. Ihren Gästen aufwarten zu können, mit ihnen zu plauschen oder mit ihren Stammgästen eine Runde Karten zu spielen – das hat sie geliebt. Wie vielen Menschen sie wohl im Lauf ihres Lebens den Tisch bereitet hat und sie bedient hat? Es sind unzählige. Wenn all diese als Dankeschön dafür auch nur ein kleines, gutes Wort bei Gott für sie einlegen, dann, glaube ich, braucht uns nicht bange sein, dass Christus nun ihr den Tisch bereiten wird beim ewigen Ostermahl im Himmel.

Als letzte Station ihrer Gastwirtskarriere haben Ihre Eltern das Gasthaus „Zur Sonne" in *N.* übernommen. Dadurch sind sie hierher nach *N.* gekommen. Von dort aus sind sie schließlich miteinander in Rente gegangen. Leider war diese Zeit des Ruhestands überschattet von der Krankheit Ihres Vaters, den Ihre Mutter neun Jahre lang aufopfernd gepflegt hat, bis er vor eineinhalb Jahren verstorben ist. Am Dienstag vor einer Woche ist nun auch für Ihre Mutter der Tag gekommen, an dem ihr Herz – nach nicht ganz 70 Jahren – seinen Dienst versagt hat.

Ihre Mutter hatte ein schwaches Herz. Das gilt aber nicht nur in diesem negativen Sinn ihrer Herzkrankheit. Sondern noch viel mehr in jenem anderen, positiven Sinn. Sie hatte ein Herz, das sich leicht erweichen hat lassen; ein Herz, das eine Schwäche hatte für ihre Mitmenschen. Nicht nur beim Kartenspielen, auch sonst war bei unserer Verstorbenen oft Herz Trumpf. Ob das in der Familie war: in der Erziehung ihrer beiden Kinder, denen gegenüber sie stets ein großes, offenes Herz gezeigt hat; oder in der Beziehung zu ihrem Ehemann, den sie die letzten neun Jahre seines Lebens fürsorglich und aufopfernd gepflegt hat. Kaum einmal gab es von ihr ein böses Wort. *N. N.* war eine herzensgute Frau. Manch armer Schlucker, der bei ihr im Gasthaus oder in der Metzgerei Station gemacht hat, hat bei ihr auch ohne Geld sein Essen bekommen.

„Ich war hungrig, und ihr habt mir zu essen gegeben; ich war durstig und ihr habt mir zu trinken gegeben", sagt Jesus in seiner großen Gleichnisrede vom Letzten Gericht, die wir gerade im Evangelium gehört haben. Die sich auf diese Weise ihren Mitmenschen gegenüber verhalten, sagt Jesus, die ein offenes Herz für ihre Mitmenschen haben, die brauchen sich im Gericht keine Sorgen zu machen. Sie werden als ewigen Lohn ihren Platz im Himmelreich erhalten. Von dieser Botschaft Jesu hat sich unsere Verstorbene das Herz prägen lassen. Ihr Beruf hat es zuzeiten nicht zugelassen, dass sie regelmäßiger mit am Gottesdienst hat teilnehmen können. Seit ihrer Rente und vor allem seit dem Tod ihres Mannes ist es wieder mehr geworden. Aber sie hat gelebt, was uns Sonntag für Sonntag als Gottes Wille und Christi Vermächtnis verkündet wird. Und das ist im Zweifelsfall sicher wichtiger. Denn darauf kommt es Christus letztlich an. Das offene Herz, das wir für unsere Mitmenschen zeigen, das haben wir zugleich Christus entgegengebracht.

Liebe Familie *N.*, das darf uns heute trösten und zuversichtlich machen, dass das Leben Ihrer Mutter, Ihrer Schwiegermutter, Schwester und Oma nun gut aufgehoben ist bei Gott. Denn er hat ein durch und durch mütterliches Herz für seine Geschöpfe. Er will, dass keines verloren geht. Selbst wenn eine Mutter ihr Kindlein vergessen könnte, eine Mutter ihren leiblichen Sohn, so sagt der Prophet Jesaja über Gott: Ich vergesse dich nie. Ich bin für dich Mutter. Ich habe dich eingezeichnet in meine Hände.

Aus diesen Sätzen spricht eine ungeheuer tröstende Botschaft: Gott hat ein Herz für uns. Am Kreuz ist das Herz Christi durchbohrt worden. Seither steht für uns der Zugang zum Herzen des Vaters offen. In diesem liebenden Herzen Gottes wissen wir unsere Verstorbene nun für immer geborgen. Denn, so schreibt der hl. Augustinus in seinen „Bekenntnissen" über unser menschliches Leben: „Unruhig ist unser Herz, bis es Ruhe findet in dir, o Gott."

Geben ist seliger als Nehmen

Der 82-jährige Versandleiter einer großen Firma war als Betriebsrat, als Versichertenältester und Seniorenbeauftragter seiner Wohngemeinde auf vielfache Weise sozial engagiert. In seiner großzügigen, freigebigen Art war es ihm eine Freude, andere zu beschenken. Trotz eines nicht ganz einfachen Verhältnisses zu seiner Kirche hat er immer am Glauben festgehalten.

Lesung: Röm 8,31b–35.37–39
Evangelium: Mt 18,1–5.10

Viele unserer Redensarten und Sprichwörter, die wir im Alltag verwenden, stammen aus der Bibel. In ihnen sind knapp zusammengefasst Lebensweisheiten eingefangen, an die man sich halten kann. Manche davon stammen direkt aus dem Mund Jesu. So auch eines, das mir unmittelbar in den Sinn kommt, wenn ich unseren Verstorbenen, *N. N.*, vor Augen habe, dessen wir heute gedenken. Es steht nicht in den vier Evangelien, sondern ist eher etwas versteckt in der Bibel überliefert. Der Apostel Paulus erwähnt es bei seiner Abschiedsrede in Milet als ein Wort des Herrn selbst. Es lautet: „Geben ist seliger als Nehmen."

Ich denke, in diesem Wort des Herrn trifft sich vieles von dem, was das Leben von *N. N.* ausgemacht hat. Er war ein sehr großzügiger, freigebiger Mensch mit einem freundlichen, hilfsbereiten Wesen. So habe ich ihn kennengelernt bei vielen Geburtstagsbesuchen oder anderen Veranstaltungen, bei denen er als Seniorenbeauftragter der Gemeinde *N.* dabei war. Die Geschenke, die er den Jubilaren mitgebracht hat, so habe ich irgendwann einmal erfahren, die hat er stets aus der eigenen Tasche bezahlt. Als ich ihn einmal darauf angesprochen habe, hat er mir erklärt, er habe sich dafür ein eigenes Budget angelegt. „Anderen eine Freude machen, das ist doch schön. Das tue ich gerne. Ich kann es mir leisten. Und mitnehmen kann man einmal sowieso nichts. Das letzte Hemd hat keine Taschen", so hat er es formuliert; wiederum mit einem Sprichwort.

Das hat Ihr Mann und Vater, Ihr Bruder und Schwager sehr schmerzhaft erfahren müssen, als in den 80er Jahren kurz hintereinander sein Sohn und seine erste Frau viel zu früh gestorben sind. Und seine schwere Leukämie-Erkrankung, mit der er sich 16 Jahre lang herumgeplagt hat, hat bei ihm sicher auch zu dieser Herzenseinsicht beigetragen. Nein, mitnehmen können wir nichts aus dieser Welt. Aber was bleibt, das ist das Gute, das wir getan haben. Das wird uns folgen vor das Angesicht Gottes. „Was ihr einem meiner geringsten Brüder getan habt, das habt ihr mir getan", sagt Jesus einmal. Geben ist seliger als Nehmen. Das hat *N. N.* im Leben gelernt und beherzigt.

Er hat die Kleinen und Schwachen in dieser Welt, die Jesus seinen Jüngern so besonders ans Herz legt, nie aus den Augen verloren. Er hat sich ja selbst aus einfachen Verhältnissen hochgearbeitet: angefangen mit einer Bäckerlehre in *N.*, über acht Jahre im Bergbau unter Tage in *N.*, bevor er dort zur Firma *N.* gewechselt ist, wo er es bis zum Versandleiter gebracht hat. Auch in dieser gehobenen Stellung hat er nie vergessen, wo er herkam. Als er ins neue Werk seiner Firma nach *N.* und damit wieder näher in seine Heimat gewechselt hat, ist er dort Betriebsrat geworden. In dieser Eigenschaft hat er sich sehr für die sozialen Belange der Arbeiter und Angestellten eingesetzt.

Aber genauso hat er sich auch außerhalb seines Berufes engagiert: als Mitglied beim VdK und bei der Arbeiterwohlfahrt und schließlich – weil er sich durch seinen Betriebsratsposten in dieser Materie gut auskannte – als Versichertenältester. In dieser Eigenschaft hat unser Verstorbener gerade die Kleinen und Schwachen in unserer Gesellschaft bei Renten- und Versicherungsangelegenheiten beraten, mit ihnen Anträge ausgefüllt, sie bei Behördengängen begleitet und sich auf diese Weise für sie eingesetzt. In ihnen hat er – wie es Jesus eben im Evangelium gesagt hat – Christus selbst aufgenommen.

Im Glauben an Christus, seinen Herrn, war *N. N.* fest verwurzelt, wenn er auch zuzeiten mit seiner Kirche gerungen hat und es wegen seiner Ehe mit einer evangelischen Frau zwischendurch zum Bruch mit der Kirche gekommen war. So waren die Zeiten damals noch. Da hat sich auf dem Gebiet der Ökumene inzwischen doch einiges geändert. Und unser Verstorbener hat denn auch den Weg wieder zurück in die Kirche gesucht und gefunden.

„Was kann uns scheiden von der Liebe Christi?" – so fragt der Apostel Paulus in seinem Brief an die Römer. Und er gibt selbst die

Antwort darauf: Ich bin gewiss, weder Tod noch Leben können den von der Liebe Gottes trennen, der fest in Christus verwurzelt ist. Denn wenn Gott für uns ist, wer ist dann gegen uns? Wenn Gott seinen eigenen Sohn für uns hingegeben hat, wie sollte er uns dann mit ihm nicht alles schenken?

Das ist unsere Hoffnung und unsere Zuversicht für unseren Verstorbenen, für Ihren Mann und Vater, Ihren Bruder und Schwager *N. N.*: dass Gott ihm, der im Gedenken an das Wort Jesu „Geben ist seliger als Nehmen" selber gern und viel gegeben hat, nun alles geben wird, was Gott uns geben kann – das neue und ewige Leben bei Gott nämlich.

Gedenke, dass wir deine Kinder sind

Ihre Kinder und Enkelkinder waren für die 83-jährige Verstorbene ihr ganzer Lebensinhalt. Obwohl sie selbst keine behütete Kindheit erlebt hatte, wollte sie für ihre Kinder stets das Beste. Die bescheidenen wirtschaftlichen Verhältnisse, in denen sie gelebt hat, haben ihre Kinder nicht zu spüren bekommen. Ihre Kinder sollten es gut haben. Die Verstorbene selbst hat sehr zurückgezogen gelebt.

Lesung: Jes 49,14–16a
Evangelium: Joh 17,24–26

„Gedenke, dass wir deine Kinder sind, und schenke uns allen das Erbe des Himmels", so beten wir immer wieder an zentraler Stelle in der Messe, beim Eucharistischen Hochgebet, im Blick auf das Ende unseres Lebens. Für Ihre Mutter, Ihre Schwiegermutter, Oma und Uroma war am Dienstagabend im Seniorenheim in *N.* dieser Moment gekommen, dass ihre irdische Lebenszeit nach 83 Jahren an ihr Ende gelangt ist. Nach zwei Jahren Leben mit einer unheilbaren Krankheit, in denen sie bei klarem Verstand einen fortschreitenden körperlichen Verfall erleben, ja erleiden musste, war es für sie eine Erlösung, dass sie sterben konnte. Als Zurückbleibende fragen wir, was mit unseren Verstorbenen ist. Was dürfen wir für sie hoffen?

„Kinder Gottes" nennt uns die Heilige Schrift, und das Gebetswort aus dem Hochgebet der Messe greift das auf. „Wir heißen Kinder Gottes und sind es", so werden wir mit einem Wort aus dem Ersten Johannesbrief bei der Messe zum Gebet des Vaterunsers eingeladen. Ja, so dürfen wir uns als Glaubende verstehen: als Kinder unseres himmlischen Vaters. In der Taufe sind wir Kinder Gottes geworden; von bloßen Geschöpfen zu Gottes geliebten Söhnen und Töchtern. Ihre verstorbene Mutter hat sich selbst als Kind Gottes verstanden. Als eifrige Kirchgängerin, die sie an den Sonntagen früher war, hat *N. N.* eine lebendige Gotteskindschaft gepflegt.

Liebe Schwestern und Brüder: Mütter und Väter wollen, dass es ihren Kindern gut geht. Wenn alles normal läuft und ihre Elterninstinkte nicht gestört sind, dann ist das ihre erste Sorge. Eine Mutter will nichts sehnlicher, als dass ihre Kinder behütet aufwachsen dürfen. So bringt es auch der Prophet Jesaja in der Lesung zum Ausdruck, in die rhetorische Frage gekleidet: „Kann denn eine Frau ihr Kindlein vergessen?" Und jedem drängt sich sofort die Antwort auf: Natürlich nicht!

Wie sehr eine Mutter für ihre Kinder das Beste will, das haben Sie, liebe Angehörige, bei Ihrer eigenen Mutter, Ihrer Oma und Uroma erleben dürfen. Ihre Familie, ihre Kinder, Enkel und Urenkel, das war ihr wichtigster Lebensinhalt. Für sie ist *N. N.* immer da gewesen, wenn man sie gebraucht hat.

Obwohl sie selber eine solche behütete, gute Kindheit – als uneheliches Kind, das bei einer Tante in *N.* aufgewachsen ist – nicht in dem Maße erleben durfte, hat sie das ihren Kindern bereitet. Schon in ihrer Jugendzeit den Kindern, für die sie als Kindsmagd verantwortlich war, als sie bei Bauern in der Umgebung in der Landwirtschaft gearbeitet hat. Im Alter ist sie immer wieder einmal gerne dort auf Besuch hingefahren. Aber zuallererst natürlich bei ihren eigenen drei Töchtern nach der Hochzeit im Jahr 1952 mit ihrem Mann *N.*, mit dem sie sich Ende der 50er Jahre hier in *N.* niedergelassen hat und der 1988 leider viel zu früh aus heiterem Himmel verstorben ist.

Ihrer Familie galt die ganze Sorge unserer Verstorbenen. Auch wenn die wirtschaftlichen Verhältnisse nicht immer rosig waren und sie als Frau eines Heimatvertriebenen ein bescheidenes Leben geführt hat, hat sie das ihre Kinder nie spüren lassen, so haben Sie mir erzählt. Ihre Kinder sollten es gut haben; lieber hat sie auf etwas verzichtet.

Auch im Alter war es ihr erstes Bemühen, dass sie auf eigenen Beinen stehen kann und niemandem zur Last fällt. Wohl auch darum ist *N. N.* gerne für sich alleine gewesen. Obwohl sie sonst nicht sehr gesellig war, hat es ihre Mutter dennoch genossen, wenn in der Familie ein Geburtstag oder sonst ein festlicher Anlass zu begehen war, wie etwa im letzten Jahr die beiden Erstkommunionfeiern ihrer Urenkel, bei denen sie noch dabei sein konnte. Die Familie war ihr Lebensinhalt. Für sie hat sie zum Beispiel auch gerne gestrickt.

Liebe Angehörige, ich denke, Sie haben bei Ihrer Mutter, Ihrer Schwiegermutter und Oma erleben dürfen, wie sehr eine gute Mutter für ihre Kinder das Beste will; wie sehr eine Mutter leidet, wenn es ihrem Kind schlecht geht. Sie haben das ja auch in der Todesanzeige so zum Ausdruck gebracht mit dem Wunsch: „Schlaf wohl, du liebes Mutterherz, du hast in deinem ganzen Leben, das Beste nur für uns gegeben." Eine gute Mutter tut für ihr Kind alles, was ihr möglich ist. Und noch viel mehr, sagt die Heilige Schrift, tut das Gott für uns, seine Kinder. „Und selbst wenn eine Frau ihr Kindlein vergessen könnte", sagt Gott uns durch den Propheten Jesaja, „ich vergesse dich nicht. Ich habe dich eingezeichnet in meine Hände."

Das macht uns zuversichtlich, dass Gott uns auch im Tod nicht verloren gehen lässt. Dass auch Gott kein Interesse daran hat, dass unser Leben im Tod einfach zunichtegemacht wird. Ja, dass er selbst darunter leiden würde wie eine Mutter, wenn eines seiner Geschöpfe auf diese Weise verloren ginge. Sondern dass auch Gott sich für uns nichts sehnlicher wünscht und alles daran setzt, dass es seinen Kindern – auch durch den Tod hindurch – für immer gut geht. Mit dem Tod und der Auferstehung seines Sohnes Jesus Christus hat Gott alles dafür getan, sein Ein und Alles zu unserer Rettung eingesetzt.

Im Gedenken daran, dass wir doch seine Kinder sind, so hoffen wir, wird Gott uns trotz aller Schwäche und allen Versagens, die es wohl, wie in jedem Menschenleben, auch bei unserer verstorbenen Schwester im Glauben gegeben hat, am Ende das Erbe des Himmels schenken: das ewige Leben. Denn wenn schon gute Eltern ihren Kindern gegenüber barmherzig sind, ihnen meist nicht lange böse sein können und verzeihen, wie viel mehr dann Gott, unser himmlischer Vater!? Das ist auch der erklärte Wille Jesu, wenn er im Evangelium zu Gott betet: „Vater, ich will, dass alle, die du mir gegeben hast, dort bei mir sind, wo ich bin. Sie sollen meine Herrlichkeit sehen." Das dürfen wir auch für Ihre verstorbene Mutter glauben: dass sie als Kind Gottes nun ganz bei ihrem himmlischen Vater ist.

Wie das dort sein wird, das wissen wir nicht zu sagen, davon haben wir noch keine Erfahrung, solange wir in dieser Welt leben. „Was wir sein werden", sagt die Heilige Schrift, „ist noch nicht offenbar geworden." Aber jetzt schon sind wir Kinder Gottes. Und darum werden wir ihm einmal ähnlich sein. So viel können wir jetzt schon sagen. Denn nach unserem Tod werden wir ihn sehen, wie er ist.

So beten wir heute für Ihre verstorbene Mutter, Ihre Schwiegermutter, Oma und Uroma in diesem Sinne: Gott, gedenke, dass wir deine Kinder sind, und schenke unserer verstorbenen Schwester *N. N.* das Erbe des Himmels.

Sorgt euch nicht um euer Leben

Dem 89-jährigen Verstorbenen war eine lebenslustige Leichtigkeit zueigen, die in manchem an Wesenszüge eines hl. Philipp Neri oder hl. Johannes Bosco erinnert, obwohl er auch die harten Seiten des Lebens zu spüren bekam. Er liebte die schönen Dinge des Lebens – Musik, Dichtung, Tanz und Reisen – und hat mit seiner Fröhlichkeit anderen Menschen gut getan. Ob sich seine Lebenszuversicht aus dem Glauben gespeist hat, blieb unklar.

Lesung: 1 Petr 4,7–11
Evangelium: Mt 6,25–34

„Gott hat schon einen herrlich bunten Tiergarten beieinander!", so hat einmal jemand ausgerufen angesichts der großen Verschiedenheit und mancher Eigenheiten von uns Menschen in der Kirche, die wir uns Christen nennen. Da gibt es nichts, was es nicht gibt. Und zwar nicht nur unter uns Lebenden, auch unter den Heiligen im Himmel. Die Kirche ist eben wahrhaft katholisch; aber dies nicht im konfessionellen Sinn verstanden, sondern im Ursinn des Wortes: alle umfassend.

Den Himmel der Heiligen bevölkern nicht bloß tiefsinnige Denker, wie die Kirchenväter es waren, aufopferungsbereite Märtyrer und harte Asketen. Unter den Heiligen finden wir auch Typen wie einen hl. Philipp Neri, den man den Gaukler Gottes genannt hat, oder einen hl. Don Bosco, den Apostel der Großstadtjugend im Turin des 19. Jahrhunderts, der mit den Jugendlichen Zirkuskunststücke einstudiert und mit ihnen in den Straßen Fußball gespielt hat, um auf diese Weise an die junge Generation heranzukommen und ihnen Gott nahe zu bringen. Sein Wahlspruch hat gelautet: „Fröhlich sein, Gutes tun und die Spatzen pfeifen lassen." Auch mit solch lebenslustiger Leichtigkeit kann man also heilig werden und in den Himmel kommen.

Liebe Angehörige, so wie Sie mir unseren Verstorbenen geschildert haben, hätte er diesem Lebensmotto des hl. Don Bosco, falls er es denn gekannt hat, voll zugestimmt. *N. N.* war selbst ein sehr fröhlicher und lebenslustiger Mensch. Vor allem Musik gemacht hat er für sein

Leben gern: am Klavier und auf dem Akkordeon. Stimmungslieder, das war sein Metier. Damit hat er alle unterhalten. Er war kreativ, hat selbst Lieder gedichtet. Er hat gerne gelacht, getanzt und Reisen unternommen. Er hat das Leben genießen können.

Und mit seiner Lebensfreude hat Ihr Vater, Ihr Lebensgefährte und Opa andere angesteckt. Das war wohl seine besondere Gabe. Damit hat er andere etwas ahnen lassen von der Fülle des Lebens, die Gott für uns Menschen will. „Dient einander", sagt der Apostel Petrus in der Lesung, „jeder mit der Gabe, die er empfangen hat." Das hat Ihr Vater auf seine Weise getan und hat damit wohl im Sinne Gottes gehandelt, der ihm diese Gabe zur Freude seiner Mitmenschen mitgegeben hat. Er war ein fröhlicher Mensch und hat mit dieser Fröhlichkeit anderen gut getan. Damit hat er die ersten beiden Dinge aus dem Motto des hl. Don Bosco verwirklicht: „Fröhlich sein, Gutes tun."

Und auch das dritte Element finden wir in seinem Leben wieder: „... und die Spatzen pfeifen lassen." *N.*, wie ihn alle einfach genannt haben, konnte vieles leicht nehmen. Auch in seinem Beruf als Verkehrspolizist konnte er schon mal ein Auge zudrücken. Es musste bei ihm nicht alles perfekt sein. Wo andere sich Sorgen gemacht haben, da hat er sich nicht aufgeregt.

Unwillkürlich fällt einem dabei die Rede Jesu von der falschen und der rechten Sorge ein, die wir gerade als Evangelium gehört haben. „Sorgt euch nicht um euer Leben", sagt Jesus. „Seht euch die Vögel des Himmels an: Sie sähen nicht, sie ernten nicht und sammeln keine Vorräte ...; euer himmlischer Vater ernährt sie." Wenn Gott schon für sie so wunderbar sorgt, um wie viel mehr dann für euch! „Macht euch also keine Sorgen!"

Jesus stellt uns mit diesen Worten keinen Freibrief für eine naive Unbekümmertheit aus oder lädt uns dazu ein, das Schicksal leichtfertig auf die Probe zu stellen, nach dem Motto: Gott wird's schon richten, also muss ich selbst nichts tun. Und Jesus leugnet auch nicht, dass es in unserem Leben sehr wohl Sorgen und Mühsal gibt. Er sagt ja zum Schluss selbst: „Jeder Tag hat genug eigene Plage." Ihr verstorbener Vater und Opa hat in seinem Leben sehr wohl auch diese Seite des Lebens kennengelernt.

Im Ersten Weltkrieg ist er in *N.* geboren und während der Weltwirtschaftskrise dort aufgewachsen. Im Zweiten Weltkrieg musste er selbst an die Front und ist in amerikanische Kriegsgefangenschaft gekommen. Jahre später hat ihn der Krieg noch einmal eingeholt, als sein vierjähriger Sohn *N.* und sein Neffe durch eine Handgranate, die sie beim Spielen gefunden hatten, ums Leben kamen. Ein harter Schicksalsschlag! Die Plage des Lebens hat *N. N.* auch zu spüren bekommen beim frühen Tod seiner Frau. Schön, dass er mit Ihnen, Frau *N.*, noch einmal eine Lebensgefährtin gefunden hat, mit der er 22 Jahre lang glücklich verbunden war.

Nachdem er sich 89 Jahre lang bester Gesundheit erfreut hatte, war Ihr Lebensgefährte die letzten viereinhalb Monate auf Pflege angewiesen. Deshalb kam er nach sieben Jahren bei Ihnen im Rheinland hierher in den Bayerischen Wald zurück, in den er sich bei einem Urlaub verliebt hatte und wo es ihn deshalb nach der Zeit seiner Berufstätigkeit in *N.* mit seiner Familie hingezogen hatte. Hier ist Ihr Vater nun am Dienstagnachmittag gestorben.

Also nicht, dass das Leben immer nur einfach wäre. Das will Jesus mit seinem Vergleich nicht sagen. Es bringt sehr wohl auch Sorgen mit sich. Aber wir müssen in dieser Welt nicht alles allein schaffen, alle Probleme selber lösen. Wir dürfen manches getrost Gott überlassen. Wir dürfen ihm unser Leben anvertrauen. Das legt uns Jesus mit seinem Vergleich mit den Vögeln und den Lilien ans Herz. Denn Gott sorgt für uns.

Von solcher Gelassenheit des Herzens war Ihr Vater und Opa erfüllt. Ob das bei ihm aus dem Glauben an Gott hergerührt hat, wissen wir nicht zu sagen. Über sein religiöses Leben, seinen Glauben wissen wir nicht viel. Darüber hat er nicht gesprochen. Immerhin ist er in die Kirche zurückgekehrt, nachdem er sich zwischenzeitlich von ihr entfernt hatte. Auf ihrem Sterbebett hat er seiner Frau versprochen, katholisch zu werden wie sie, und hat das dann auch getan.

Liebe Schwestern und Brüder, Gott lässt seine Geschöpfe nicht im Stich. Nicht die Vögel des Himmels und nicht die Lilien auf dem Feld. Um wie viel weniger dann uns Menschen. Darum darf uns im Blick auf unser Leben große Zuversicht erfüllen. Auch in der Frage, was aus uns Menschen werden wird, wenn wir einmal sterben. Gott wird auch dann für uns sorgen. Darauf dürfen wir uns verlassen.

Er wird auch für Ihren verstorbenen Vater, Ihren Opa und Lebensgefährten sorgen und sein Leben bewahren. Denn – wie wir an manchen Heiligen sehen – auch mit einer lebenslustigen Leichtigkeit, wie sie ihm eigen war, kann man in den Himmel kommen. Darauf wollen wir uns verlassen.

Ein Vertrag mit dem Herrgott

Bis ins hohe Alter von beinahe 90 Jahren erfreute sich der verstorbene Bauarbeiter und Kleinlandwirt bester Gesundheit. Augenzwinkernd bemerkte er oft, er habe einen Vertrag mit dem Himmel, dass er 100 Jahre alt werden würde.

Lesung: Dtn 7,6–9.11–13
Evangelium: Joh 17,1–5

Wenn man bei guter Gesundheit und voller Kraft alt werden darf, so wie das bei Ihrem Vater, Ihrem Schwiegervater, Bruder und Opa *N. N.* der Fall war, dann ist das Alter ein Segen. Erst in seinem letzten Lebensjahr haben sich die Auswirkungen eines nachlassenden Geistes verstärkt bemerkbar gemacht, sind für ihn und für andere zur Belastung geworden, sodass er nicht mehr allein in seinem Haus in *N.* wohnen bleiben und sich – unterstützt von seinen drei Töchtern und ihren Familien – selbst versorgen konnte, so wie er das viele Jahre getan hat. Am *[Datum]* musste man ihn deshalb im Seniorenzentrum in *N.* unterbringen. Dort hat er am *[Datum]* seinen 90. Geburtstag feiern können. Ohne schwerwiegende Krankheiten und ohne lange Leidenszeit ist sein Leben am vergangenen Samstag dort sehr plötzlich zu Ende gegangen. Auch das ist eine Gnade, wenn der Tod auf diese Weise kommt.

Man hat *N. N.* seine 90 Jahre nicht angesehen. Wenn er – zum Beispiel bei Geburtstagsfeiern – darauf angesprochen wurde, dann hat er gerne gesagt: „Ich habe einen Vertrag mit dem Herrgott gemacht, dass ich 100 Jahre alt werde." Diese Zahl hat sich für unseren Verstorbenen nicht ganz erfüllt. Immerhin fast 90 Jahre durfte er werden – ein hohes, gesegnetes Lebensalter. Eine Garantie für ein langes Leben hat eben keiner von uns.

Aber als Getaufter hat Ihr Vater, Ihr Schwiegervater, Opa und Onkel tatsächlich so etwas wie einen Vertrag mit dem Himmel gehabt. Er gehört zu dem Bund, den Gott in seinem Sohn Jesus Christus mit uns geschlossen hat. In der Taufe ist er in diesen Neuen Bund aufgenommen worden. Dadurch gehört er zum neuen Gottesvolk der Erlösten.

Wie in einem gegenseitigen Vertrag verspricht Gott seinem Volk darin: „Ich will dein Gott sein", und du – so lautet quasi unsere Vertragsseite –, „du sollst mir Sohn sein." Denen, die seinen Bund halten, verspricht Gott Leben und Segen. „Noch nach tausend Generationen", so sagt es unsere Lesung, „erweist er denen seine Huld, die ihn lieben und auf seine Gebote achten." Und Mose, dem die Heilige Schrift diese Worte in den Mund legt, konkretisiert dann, worin sich diese Huld Gottes äußert, wenn es da heißt: „Er (Gott) wird dich lieben, dich segnen und dich zahlreich machen. Er wird die Frucht deines Leibes und die Frucht deines Ackers segnen, dein Korn, deinen Wein und dein Öl, die Kälber, Lämmer und Zicklein in dem Land, von dem du weißt: Er hat deinen Vätern geschworen, es dir zu geben."

Wenn wir auf das Leben unseres verstorbenen Bruders schauen, dann erkennen wir darin etwas von diesem Segen Gottes. Mit seiner Hände Arbeit hat *N. N.* etwas schaffen und aufbauen können. Aus kleinen Verhältnissen stammend, in seinem Elternhaus in *N.* und nach der Volksschulzeit als Kleinknecht bei Bauern im Gäuboden, hat er sich durch seine Arbeit als Baufacharbeiter ein kleines Grundstück erwerben und darauf das eigene Haus bauen können.

Mit seiner Frau *N.* und seinen drei Töchtern hat er den Segen des Familienlebens erleben dürfen. Wenn er am Wochenende von den Baustellen nach Hause kam, dann wollte *N. N.* seine Familie um sich haben. In seinen beiden Enkeln hat er auch den Segen erfahren, die Kinder seiner Kinder sehen zu dürfen.

Das Gedeihen in der Natur, in dem unsere Lesung einen Ausdruck des göttlichen Segens erkennt, mitzuerleben, das hat unser Verstorbener besonders geliebt: in der kleinen Landwirtschaft, die er mit seiner Frau zusammen nebenher betrieben hat, und im Wald beim Schwammerlsuchen oder – sparsam, wie *N. N.* war – beim Brennholzsammeln. Oder ganz einfach, wenn er vor seinem Gartenhaus unter dem Kirschbaum in der Sonne sitzen konnte, um dort Zeitung zu lesen, Kaffee zu trinken oder Besuch zu empfangen. Das waren für ihn gesegnete Stunden.

Genauso mochte er die Gesellschaft anderer beim Karten spielen, bei einem Bier im Wirtshaus, bei der Krieger- und Soldatenkameradschaft oder bei der Freiwilligen Feuerwehr *N.* Und besonders – das darf ich auf keinen Fall vergessen – mit seinem geliebten Mofa unterwegs zu sein. So haben ihn viele gekannt.

Freilich gab es im Leben von *N. N.* nicht nur gesegnete Stunden; er hat auch Hartes durchstehen müssen: die Zeit ab 1940 als Soldat im

Zweiten Weltkrieg und die anschließende Kriegsgefangenschaft, aus der er erst im Dezember 1948 nach Hause zurückkehren durfte. Oder auch der Tod seiner Frau *N.* im Jahr 1995 nach 45 Jahren Ehe. Im Alter so lange allein zu sein, das war für ihn hart. Trotz allem erfahrenen Segen Gottes ist diese Welt eben noch nicht der Himmel auf Erden. An solchen Dingen spüren wir, dass die Welt noch nicht vollendet ist und der Erlösung bedarf.

Wenn wir den Segen Gottes im Leben unseres Verstorbenen entdecken, dann dürfen wir sagen: Gott hat seinen Teil des versprochenen Bundes gehalten. Und auch Ihr Vater hat seine Seite dieses Bundes mit Leben erfüllt: als Christ, der gerne und regelmäßig am Gottesdienst teilgenommen, das Wort Gottes gehört und Gott für seine Wohltaten gedankt hat. Bei seinen täglichen Gebeten für sich und seine Familie. Durch ein rechtschaffenes Leben, in dem er sich redlich bemüht hat, das Gute zu tun; wiewohl es auch ihm nicht immer gelungen ist, das Gute durchzuhalten: mit einer sehr bestimmenden Art, mit einem Misstrauen, das manchmal über das gesunde Maß hinaus ging. Da wird auch er, wie jeder Mensch, auf Gottes Barmherzigkeit angewiesen sein.

Aber das redliche Bemühen unseres verstorbenen Bruders, im Bund mit seinem Gott zu leben, diesen Bund mit Leben zu erfüllen, das macht uns zuversichtlich, dass Gott nun an ihm das einlösen wird, was er uns durch Christus versprochen hat und was uns eben im Evangelium aus dem Mund Jesu aufs Neue versichert worden ist: dass Christus allen, die Gott ihm gegeben hat, die durch die Taufe Anteil haben an dem neuen Bund in seinem Blut, dass er denen ewiges Leben schenkt.

Das augenzwinkernd behauptete 100-Jahre-Abkommen von *N. N.* mit seinem Herrgott hat sich in diesem Leben nicht ganz erfüllt. Aber, so dürfen wir glauben, Gott wird ihm die fehlenden Jahre – und noch weit mehr als die – ergänzen in einem neuen, ewigen Leben. Nicht bloß als Verlängerung dieses irdischen Lebens, nur sozusagen ein Stockwerk höher im Himmel, sondern als ein ganz anderes, überwältigend neues Leben. Etwas, „das kein Auge gesehen, kein Ohr gehört und keines Menschen Herz jemals empfunden hat, das Gott aber denen bereitet hat, die ihn lieben" – wie es die Heilige Schrift sagt. Den vollendeten Segen des Himmels in Gottes ewigem Bund.

Die am Ziel sind, haben Frieden

Nach langjähriger Pflegebedürftigkeit verstarb die alleinstehende Frau im Alter von 102 Jahren im Pflegeheim. Genaue Lebensumstände und Details ihrer Biografie sind nicht zu ermitteln, da sie keine Angehörigen hat und erst als Pensionistin in die Gemeinde gezogen ist. Ehemalige Nachbarn und Pfarrangehörige kennen sie als treue Kirchgängerin und erzählen, dass sie früher wohl Lehrerin oder Erzieherin gewesen sei.

Lesung: 1 Thess 4,13–18
Evangelium: Joh 5,24–29

Wenn jemand 102 Jahre alt werden durfte, wenn er noch dazu nach acht Jahren Pflegebedürftigkeit und zuletzt sogar Bettlägerigkeit infolge eines Gehirnschlags endlich sterben hat können, dann wird uns so ein Tod nicht unbedingt tief erschüttern. Der Tod von *N. N.* war kein Einbruch eines nächtlichen Räubers, sondern eher wie der Sonnenuntergang nach einem langen, erfüllten Tag. Ihr Lebensbogen war an sein natürliches Ende gekommen. Statt Trauer bleiben deshalb zurück ein Gefühl der Dankbarkeit für einen außergewöhnlich langen Lebensweg und ein Gefühl der Erlösung, dass sie nun von ihrem langen Leiden befreit ist.

Aus dem Leben unserer Verstorbenen weiß ich nicht viel. Nahe Angehörige haben sich nicht gemeldet. Und alle, die sie näher gekannt haben und über sie Auskunft hätten geben können, hat sie selbst überlebt. Am *[Datum]* wurde *N. N.* in *N.* in Schlesien geboren. Sie hat also noch das Deutsche Kaiserreich miterlebt. Ihren ersten Lohn als Lehrerin oder Erzieherin, die sie wohl gewesen ist, hat sie somit noch in Münzen ausbezahlt bekommen, die das Bild des Kaisers trugen. Danach kamen glückliche und harte Zeiten, die unsere Verstorbene in ihrer mehr als ein Jahrhundert währenden Lebenszeit miterlebt hat: zwei Weltkriege, Weltwirtschaftskrise und Währungsreform, aber auch die Goldenen Zwanziger Jahre und das Wirtschaftswunder. Am eigenen Leib hat sie das schwere Schicksal der Vertreibung aus ihrer schlesischen Heimat miterleben müssen.

1977 kam Frau *N.* als Pensionistin mit ihrer ebenfalls alleinstehenden Freundin *N. N.* nach *N.* Hier haben sie seither ihr Haus in der *N.*-Straße bewohnt. Dort haben sie gemeinsam gelebt und mit viel Liebe ihren Rosengarten gepflegt. In der Pfarrei hat man sie gekannt als zwei ältere, fromme Frauen. In der vordersten Reihe unserer Kirche haben sie nebeneinander ihre Stammplätze gehabt. 1996 hat Frau *N.* einen schweren Gehirnschlag erlitten. Seither wurde sie von ihrer Freundin, Frau *N.*, und mithilfe eines mobilen Krankenpflegedienstes zuhause gepflegt. 2002 sind beide dann – ihre Freundin mit 90, Frau *N.* mit 100 Jahren – wegen hochgradiger Pflegebedürftigkeit ins Seniorenzentrum nach *N.* übersiedelt. Frau *N.* ist dort im September letzten Jahres verstorben. Am Mittwochmorgen ist nun auch Frau *N.* dort friedlich eingeschlafen. Sie ist in Frieden mit ihrem Gott gegangen.

Ein solches Sterben, liebe Schwestern und Brüder, mit über 100 Jahren hat nichts Bedrohliches und Erschreckendes an sich. Es stürzt uns nicht in Trauer und Verzweiflung. Aber ein Stück Wehmut, eine verhaltene Trauer überkommt uns am Grab von Frau *N.* dann doch. Denn ein unverwechselbarer Mensch ist nicht mehr. Mit ihm geht eine ganze Welt an Gefühlen, Sehnsüchten, Erfahrungen und Talenten. Eine bis an den Rand angefüllte Lebensgeschichte versinkt im Dunkeln. Ein Leben mit seinen liebenswerten und vertrauten Seiten, aber auch mit seinem innersten Geheimnis, das niemand ausloten kann als Gott selbst.

Über jedem gläubigen Leben ist als Verheißung des Glaubens ausgerufen, dass wir gelassen sein können auch im Schweren, in der Mühe, in der Banalität des Alltags, weil unser Leben mehr ist als das. Darauf hat unsere verstorbene Schwester im Glauben fest vertraut. Darauf hat sie ihr Leben gebaut. Unser Leben ist Dasein vor Gott, empfangend und verschenkend, in der Beschwernis und in der Freude. Es ist aber genauso ein Miteinander mit Menschen, mit denen man lebt, die einem anvertraut sind und für die man verantwortlich ist; ein Dasein für andere Menschen. Eigene Kinder hat *N. N.* keine gehabt; aber die vielen Kinder, mit denen sie durch ihre Arbeit zu tun hatte, die haben von ihrer Lebenskraft und Fürsorge gelebt. Als Dasein vor Gott und als Dasein für andere, so hat unsere Verstorbene ihr Leben gesehen und gelebt.

Jetzt ist dieses irdische Leben zu Ende. Es ist eingemündet in die unmittelbare Begegnung mit Gott, der uns durch Christus sagt: „Ich will, dass sie das Leben haben und es in Fülle haben." So dürfen wir darauf vertrauen, dass alles das, was an diesem Leben gelungen ist, in der Vollendung Gottes weiterlebt. Und dass alles Beschwerliche und Misslungene von ihr abgefallen ist. Dass sie nun, am Ende dieser langen irdischen Wegstrecke, ganz am Ziel ihres Lebens angekommen ist: in der ewigen Heimat bei Gott.

„Die am Ziel sind, haben Frieden" – so ist in ihrer Todesanzeige und auf ihrem Sterbebild zu lesen. Ein schöner Satz, der mit wenigen Worten unseren Glauben auf den Punkt bringt: Wenn Gott uns ruft, dann sind wir am Ziel – egal, wie kurz oder lang unser irdischer Lebensweg gewesen sein mag.

Ansprachen mit Bezug zur Kirchenjahreszeit

Wo bleibst du, Trost der ganzen Welt?

Nach einer halbjährigen Leidenszeit infolge eines Gehirntumors verstarb die 75-jährige Ehefrau und Mutter im Advent. Als Heimatvertriebene, die zwei ihrer erwachsenen Söhne durch Verkehrsunfall bzw. plötzlichen Herztod verloren hat, hat sie viel Schweres im Leben durchgemacht. Dies hat ihr den Zugang zu einem unbefangenen Glauben an einen liebenden, barmherzigen Gott und zu einer dementsprechenden religiösen Praxis verstellt. In der Sorge um ihre Familie hat sie ihre Lebensaufgabe gefunden.

Lesung: Jes 63,15.16b–17.19b
Evangelium: Joh 10,9–15

Inmitten der Advents- und Vorweihnachtszeit stehen wir am Grab Ihrer lieben Ehefrau und Mutter. Als im Mai dieses Jahres bei ihr ein äußerst aggressiver Gehirntumor diagnostiziert worden ist, haben ihr die Ärzte sehr bald gesagt, sie werde Weihnachten wohl nicht mehr erleben. Und so ist es nun auch gekommen. Nach vielem Auf und Ab, hin und her pendelnd zwischen Krankenhaus, daheim und zuletzt dem Seniorenheim, ist sie dort am Montagabend verstorben. Der Tumor hatte ihre Lebenskräfte aufgezehrt.

So kurz vor Weihnachten einen lieben, engen Verwandten zu verlieren – die Ehefrau, die eigene Mutter, die Schwiegermutter und Oma, die Schwester, Schwägerin und Tante –, das schmerzt besonders. Ein geliebter Mensch ist von uns gegangen. Kaum ahnen wir, was das bedeutet. Nächte voll Unruhe und Tage voller Ungewissheit sind vorbei. Vorbei aber auch die gemeinsam verbrachte Zeit – und sei es am Krankenbett. Angesichts des Todes strecken wir uns aus nach einem, der uns Halt gibt. Wir suchen nach etwas, das uns tröstet.

Hier trifft sich unser Fühlen mit der Situation des Volkes Israel, das, bedrängt und verlassen, voller Sehnsucht nach seinem Gott ruft: „Wo bleibst du, Trost der ganzen Welt?" In dieses sehnsüchtige Warten und Ausschauhalten nach dem erhofften Messias versetzt uns jedes Jahr neu der Advent hinein. Unsere alten Adventslieder verstehen es, diese Sehnsucht nach dem Messias, dem Retter aus Leid, Not und Tod, in Worte und Musik zu fassen, die uns aus dem Herzen sprechen. So wie wir es eben gesungen haben:

„O Heiland reiß die Himmel auf,
herab, herab vom Himmel lauf.
Reiß ab vom Himmel Tor und Tür,
reiß ab, wo Schloss und Riegel für."

Ja, liebe Familie *N.*, liebe Schwestern und Brüder, es gibt Situationen, da hilft nur der Blick nach oben. Verbunden mit dem Schrei, dass da einer kommen möge, der den Himmel öffnet, der die Enge unseres irdischen Lebens aufreiße. Ihre verstorbene Ehefrau und Mutter hat nicht nur einmal in ihrem Leben solche Situationen miterleben müssen. Sie hat am eigenen Leib himmelschreiende Not erlebt.

Im Sudetenland, im Kreis *N.* als Kind einer zwölfköpfigen Bergarbeiterfamilie geboren, musste sie als 17-jähriges Mädchen im Zuge der Vertreibung der Sudetendeutschen ihre Heimat verlassen. Jetzt, wo für sie das Leben so richtig begonnen hätte, musste sie alles zurücklassen und in einer ungewissen Fremde neu anfangen.

Untergekommen ist sie in *N.* und hat – selten gibt es etwas Schlechtes, das nicht auch sein Gutes hätte – dort ihren Mann kennengelernt. Im Mai 1957 haben Sie geheiratet und sich hier in *N.* niedergelassen, wo Sie später gemeinsam ein neues Haus gebaut haben. Mit den vier Kindern, der Sorge für die Familie und für ein trautes Heim sowie kleinen Nebentätigkeiten als Reinigungskraft hat unsere Verstorbene ihre Lebensaufgabe gefunden. Dieses Dasein für ihre Familie hat sie fast 50 Jahre lang in großer Treue durchgehalten.

N. N. hat aber auch erleben müssen, wie in dieses familiäre Glück das Schicksal mit seiner ganzen Härte eingebrochen ist, als zunächst 1987 ihr Sohn *N.* bei einem Verkehrsunfall ums Leben gekommen und 2002 ihr Sohn *N.* bei Baumarbeiten im Garten ihres Hauses viel zu früh am plötzlichen Herztod gestorben ist. Diese beiden Schicksalsschläge haben sie hart getroffen; da ist etwas in ihr zerbrochen.

Nun, am Ende ihres Lebens, hat sie selbst auch körperlich noch einmal eine schwere Leidenszeit durchmachen müssen.

Unser Adventslied weiß um solches Leid in unserem Leben. Darum fragt es singend und klagend:

„Wo bleibst du, Trost der ganzen Welt,
darauf sie all ihr Hoffnung stellt?
O komm, ach komm vom höchsten Saal,
komm, tröst uns hier im Jammertal …
Hier leiden wir die größte Not,
vor Augen steht der ewig Tod.“

Ja, liebe Familie *N.*, es gibt Situationen, da hilft nur der Blick nach oben, verbunden mit dem Ruf nach Gott, dass er unser Unglück wenden möge. In der Not des Sterbens, am Grab unserer Lieben sind wir in so einer Situation, in der wir sehnsüchtig Ausschau danach halten, woher uns Trost und Hilfe kommen.

Unser Adventslied gibt uns darauf eine Antwort, indem es sich bittend und flehend an den wendet, der hier Heiland genannt wird: „O Heiland, reiß die Himmel auf.“ Der Heiland, das ist der, der alles heil machen kann und heil machen will: im Leben unserer Verstorbenen – dass sie nun bei Gott Ruhe, Frieden und Erfüllung gefunden hat – und auch bei ihren Hinterbliebenen – dass Sie einwilligen können in ihr Gehenmüssen, weil Sie Ihre Ehefrau und Mutter bei ihm geborgen wissen.

Er, der Heiland, Christus, unser Retter, hat in seinem Sterben und Auferstehen auch für sie Tür und Tor des Himmels geöffnet. Er selber ist die Tür. So haben wir ihn eben im Evangelium sagen hören: „Ich bin die Tür; wer durch mich hineingeht, wird gerettet werden …“; denn „ich bin gekommen, damit sie das Leben haben und es in Fülle haben.“

Durch die Tür seines irdischen Hauses ist *N. N.* nur sehr selten gegangen. Obwohl sie sehr wohl an Gott geglaubt hat, seiner Kirche ihr Leben lang die Treue gehalten hat, hat sie den Zugang zu einem kirchlich praktizierten Glauben dennoch nicht gefunden. Vielleicht hat ihr das viele Schwere, das sie erleben musste, den Weg dahin verstellt, als dass sie unbefangen und aus ganzem Herzen zu einem „lieben Gott“ und „barmherzigen Vater“ hätte beten können. Die Gründe weiß letztlich Gott allein.

Doch aus dem Mund Christi dürfen wir das tröstende Wort hören: „Ich kenne die Meinen, und die Meinen kennen mich.“ Durch die Taufe ist sie zu einer der Seinen geworden. Christus kennt Ihre verstorbene Ehefrau, Ihre Mutter, Schwiegermutter und Oma durch und durch, denn er allein schaut ihr ins Herz. Er weiß um ihre guten Taten.

Er weiß um die Liebe, die sie in ihre Familie, in ihre Kinder und ihre vier Enkelkinder, investiert hat; eine Liebe, von der Christus sagt: „Was ihr einem meiner geringsten Brüder getan habt, das habt ihr mir getan.“ Christus weiß auch um das Harte im Leben unserer Verstorbenen, um die himmelschreiende Not, die sie durchgemacht hat. Er weiß um die Gedanken ihres Herzens.

So hoffen wir, dass Christus, unser Heiland, ihr die Tür zum Himmel, unserer ewigen Heimat, auftun wird, und sie nun nach ihrem Sterben dort hineinführen wird. So wie es in der letzten Strophe unseres Adventsliedes heißt:

„Ach komm, führ uns mit starker Hand
vom Elend zu dem Vaterland.“

Driving home for Christmas

Der schwer krebskranke 39-jährige Ehemann und Sohn kam zu Weihnachten aus dem Krankenhaus nach Hause; alle wussten, dass es das letzte Weihnachten für ihn sein würde. Am Ende der Weihnachtszeit ist er gestorben. Als Baumaschinenführer war er die ganze Woche über auswärts auf Baustellen unterwegs und freute sich auf das Wochenende daheim, wo seine Ehefrau und sein Freundeskreis auf ihn warteten. Schon in der Jugend hatte er den Kontakt zur Kirche verloren; auch in Krankheit und Sterben hat er die Begegnung mit einem Seelsorger kategorisch abgelehnt.

Lesung: Tit 3,4–7
Evangelium: Joh 1,1–5.9–14

In den Wochen vor Weihnachten ist im Radio immer wieder das Lied von Chris Rea gespielt worden: „Driving home for Christmas". Auf sehr einfühlsame Weise fängt es eine Stimmung ein, die uns zu Weihnachten erfüllt. Zu diesem uns liebsten Fest des ganzen Jahres wollen wir unsere Liebsten nahe um uns haben. Und darum fahren in den Tagen vor Weihnachten viele Menschen, die sonst auswärts leben oder arbeiten, heim zu ihren Lieben: Driving home for Christmas.

Das haben Sie, liebe Familie *N.*, an diesem Weihnachtsfest auf eine ganz existenzielle Weise erlebt. Ihr schwerkranker Ehemann, Sohn und Bruder ist zu Weihnachten auch noch einmal bei Ihnen zuhause gewesen. Er und Sie haben gewusst, dass es das letzte Weihnachten miteinander sein würde, nachdem bei ihm im März 2008 ein Lungentumor festgestellt worden war. Nach Bestrahlungen und Chemotherapie ging es ihm immer schlechter. Die letzten drei Monate konnte er nicht einmal mehr liegen. Am Zweiten Weihnachtsfeiertag mussten Sie Ihren Mann nochmal ins Krankenhaus bringen, wo er am *[Datum]* verstorben ist. Auf eine andere, endgültige Art ist er damit heimgekommen: heimgegangen in die Ewigkeit.

Driving home, wie Chris Rea in seinem Weihnachtslied singt, Heimfahren zu seinen Lieben, das hat *N. N.* nicht nur zu Weihnachten getan, das hat er nahezu jede Woche erlebt, wenn er am Wochenende von den Baustellen, auf denen er die Woche über gearbeitet hat, nach *N.* heimgefahren ist zu Ihnen, seiner Frau, mit der er seit neun Jahren verheiratet war, dorthin, wo Sie miteinander Ihr Haus gebaut hatten.

Nach seiner Schulzeit in *N.* hat unser Verstorbener eine Ausbildung zum Baumaschinenführer gemacht. Denn Baggerfahrer wollte er schon als Kind werden. Das war seine Berufung; und diesen Berufswunsch hat er sich erfüllt. Seit 1984 war *N.* bei der Firma *N.*-Bau als Maschinist tätig. Für diesen Beruf hat er auch in Kauf genommen, dass er unter der Woche fast immer auf Baustellen in ganz Bayern unterwegs war und nur am Wochenende heimgekommen ist. „Ihr wisst gar nicht, wie schön ihr es habt, dass ihr jeden Abend daheim sein könnt", so hat er im Freundeskreis öfter gesagt und seine Freunde beneidet, die das so erleben durften. Denn das Daheimsein bei seiner Familie, das war Ihrem Ehemann, Ihrem Sohn und Bruder immer das Liebste.

In dieser Bemerkung zu seinen Freunden scheint etwas auf von der nachdenklichen Art, die auch in unserem Verstorbenen gesteckt hat. Öfters, so haben Sie mir erzählt, hat er seinen Freundeskreis mit Sprüchen überrascht, die zu denken gegeben haben. Und auch in der sehr korrekten Art, die *N. N.* eigen war, zeigt sich etwas von diesem Wesenszug. Ungerechtigkeiten konnte er überhaupt nicht vertragen. Gegen sie hat er sich innerlich gestemmt, und manchmal auch nach außen hin.

Liebe Familie *N.*, liebe Schwestern und Brüder, an Weihnachten wollen wir unsere Liebsten um uns haben. Davon singt Chris Rea in seinem Lied „Driving home for Christmas". Wenn ein Angehöriger so nahe an Weihnachten stirbt, dann schmerzt uns das deshalb besonders. Noch dazu, wenn es wie bei Ihrem Mann, Ihrem Sohn und Bruder auf so grausame Weise geschieht: so schmerzvoll und mit erst 39 Jahren. Vielleicht tröstet aber in dem Dunkel von Leid und Tod gerade das, was wir an Weihnachten feiern.

Wir feiern dieses Fest in den dunkelsten Tagen des ganzen Jahres. In das Dunkel dieser Welt hat Gott seinen Sohn als Licht gesandt. „Das wahre Licht, das jeden Menschen erleuchtet, kam in die Welt. Und das Licht leuchtet in der Finsternis", so fasst der Evangelist Johannes das Weihnachtsgeschehen zusammen. Nicht, dass es in unserem Leben nun keine Finsternis mehr geben würde oder dass in der Welt nun alles eitel Sonnenschein wäre. Nein: Christus ist nicht gekommen, das Leid einfach zu beseitigen. Aber er ist gekommen, Leid und Tod mit seiner Gegenwart zu erfüllen und so von innen heraus zu verändern. Dies ist die Botschaft, die wir in den weihnachtlichen Tagen gefeiert haben:

Gottes Licht leuchtet in der Nacht der Welt.
Gottes Licht leuchtet hinein in die Finsternis unseres Lebens.
Gottes Licht strahlt herein in die Dunkelheit des Todes.

Mit Weihnachten, mit der Geburt des Sohnes Gottes in der Krippe von Betlehem ist dieses göttliche Licht in die Welt gekommen. Damit beginnt unsere Erlösung, die Befreiung aus der Verfallenheit des Menschen an Sünde und Tod, die Christus uns am Kreuz erwirkt hat. Weihnachten ist der Anfang unserer Erlösung; und die führt über das Kreuz. Krippe und Kreuz gehören eng zusammen. Das Christkind, das in der Weihnachtszeit in unserer Kirche oben über dem Tabernakel im Hochaltar gestanden hat, das trägt bereits das Kreuz in der Hand, das Zeichen für seinen Erlösertod.

Ob unser Verstorbener für sich selbst dieses Licht des Glaubens gesehen, diese Hoffnung auf Erlösung geteilt hat, das weiß ich nicht zu sagen. Worin er seinen Halt gefunden, woran er sein Leben rückgebunden hat. Eine religiöse Bindung – zumindest in seiner kirchlichen Form – hat er nicht erkennen lassen, nachdem er in seiner Jugend den Bezug zur Kirche verloren hatte. Aufgekündigt hat er seine Zugehörigkeit zur Kirche allerdings dennoch nicht. Das wollen wir nicht gering achten; und so begraben wir ihn kirchlich. Den Kontakt zu einem Seelsorger hat er aber auch jetzt, in der Zeit seiner schweren Krankheit und seines Sterbens, abgelehnt. Vielleicht hat ihm auch sein schweres Schicksal den Blick zum Himmel verbaut.

Dennoch will ich Hoffnung haben für Ihren Ehemann, Ihren Sohn und Bruder. Denn auch damals an Weihnachten hat nicht der Mensch selbst den Zugang zum Himmel freigemacht. Gott hat von sich aus den verschlossenen Himmel durchbrochen und ist Mensch geworden, um uns zu retten. So wie wir in einem Adventslied singen: „Denn verschlossen war das Tor, bis ein Heiland trat hervor." Das wollen wir heute auch für unseren Verstorbenen hoffen: dass Gott für ihn die Barrieren eines verschlossenen Himmels durchbricht und ihm den Zugang zum ewigen Leben auftut.

Es ist vollbracht

Ein 75-jähriger Mann mit beeindruckender Lebensleistung in Beruf, Familie und Hobby lag bei der Feier der Krankensalbung unmittelbar nach der Karfreitagsliturgie bereits mit geneigtem Haupt sterbend im Bett; in den Morgenstunden des Karsamstags ist er gestorben. Der Verstorbene war ein sehr geistvoller Mensch und hat sein vielfältiges Wirken mit einem aktiven Christsein verbunden.

Lesung: Gal 3,6–9
Evangelium: Joh 19,17–18.25–30

Es ist jedes Mal wieder ein bewegender, anrührender Moment, wenn am Karfreitag bei der Johannespassion jene Stelle gelesen wird, wo es heißt: „Jesus sprach: Es ist vollbracht. Und er neigte das Haupt und gab seinen Geist auf." Wir haben diesen Abschnitt eben als Evangelium gehört. Es war am Karfreitag genau zu der Zeit, als in der Kirche die Passion gelesen wurde, dass Sie, Frau *N.*, bei mir angerufen und auf Band die Nachricht hinterlassen haben, dass es bei Ihrem Mann dem Ende zugeht. Und so haben wir wenig später für ihn die Krankensalbung gefeiert. Dabei habe ich *N. N.* ganz ähnlich angetroffen, wie es von Jesus am Kreuz erzählt wird. Er lag oder saß halb im Bett, sein markantes Haupt zur Seite geneigt, schwer atmend, die Lippen blutig, Zeichen seines Todeskampfes – ein Bild wie Jesus am Kreuz; wie das Karfreitagskreuz, das wir kurz vorher in der Kirche verehrt hatten. Für mich waren das zwei Bilder, die sich ständig changierend überlagert haben: Jesus am Kreuz und Ihr sterbender Vater. Ein paar Stunden später, in den Morgenstunden des Karsamstags, hat er das Haupt endgültig geneigt und seinen Geist ausgehaucht. Mit seinem Sterben, gerade in den Tagen, die Jesu Tod am Kreuz und seiner Grabesruhe geweiht sind, ist unser Bruder Christus in besonderer Weise ähnlich geworden.

Als letztes Wort Jesu am Kreuz überliefert der Evangelist Johannes den Satz: „Es ist vollbracht." Die Stimmung, die in diesem Jesuswort mitschwingt, die liegt wohl auch über dem Sterben von *N. N.* Vollbracht sein Weg durch die Krankheit, seit vor zweieinhalb Jahren bei ihm Darmkrebs festgestellt worden war. Er hat die verbleibende Frist ganz bewusst verlebt: mit seiner Familie, im Urlaub, mit gutem Essen, mit Besuchen in seiner geliebten Geburts- und langjährigen Heimatstadt *N.*, deren großer Kenner er, was ihre Kultur und Kunst, ihre Kirchen, Schlösser, Parks und Museen anbelangt, gewesen ist, und was er auch gerne anderen vermittelt hat. Nochmal eine schöne Zeit genießen, bis der Weg durch die Krankheit mehr und mehr zur Leidenszeit geworden ist. Nun ist dieser schwere Weg geschafft. Es ist vollbracht.

Vollbracht auch eine große Lebensleistung. 75 Jahre waren unserem Verstorbenen an irdischer Lebenszeit vergönnt – im Dezember konnte er diesen Geburtstag noch im Kreis seiner Familie begehen. Und diese Jahre waren mit vielem ausgefüllt, waren wirklich erfüllte Jahre.

Eine turbulente Kindheit, die für einen glatten Start ins Leben alles andere als perfekte Voraussetzungen geboten hat: Als Großstadtkind mitten in *N.* hat er die Bombenangriffe im Luftschutzkeller miterlebt; schon als Kind also war er mit Krieg, Tod und Zerstörung hautnah konfrontiert. Seine Mutter war bei einem Bombenangriff ums Leben gekommen, sein Vater als Luftbildfotograf in der Kriegszeit mit dem Flugzeug abgestürzt, von da an ist er bei der Großmutter aufgewachsen. Dennoch hat *N. N.* seinen Weg gemacht; und er hat ihn gut gemacht.

Dankbar schauen wir heute zurück auf seine große berufliche Lebensleistung. Mit 13/14 Jahren hat er in *N.* bei der Firma *N.* als Fernmeldetechniker anfangen. Immer schon hatte er ein Faible für technische Dinge und Basteleien gehabt. 45 Jahre lang ist er der Firma treu geblieben, hat für Banken und Krankenhäuser große Telefon- und Sicherheitsanlagen geplant und betreut. Bis zum Außenstellen-Leiter für den Bezirk *N.* ist er dabei aufgestiegen. In dieser Funktion war *N. N.* angesehen und geachtet bei seinen Kunden wie bei seinen Chefs wegen seiner Sachkompetenz, seinem freundlichen Wesen und seiner ruhigen, unaufgeregten Art.

Dankbar dürfen wir auch sein für die Lebensleistung unseres Verstorbenen in seiner Familie: als Ehemann, als Vater und Opa. Im Mai wären es 50 Jahre geworden, die Sie, liebe Frau *N.*, miteinander verheiratet gewesen sind. Und, so haben Sie mir erzählt, es waren fünf glückliche Jahrzehnte miteinander. Ihnen, seinen beiden Söhnen *N.* und *N.*, hat er vieles ermöglicht an Ausbildung, an Hobbys. Ihr Vater hat Ihnen tragende Werte vermittelt, die ihm selber wichtig waren – einfach durch sein eigenes Vorbild. Aber er hat Ihnen zugleich die Freiheit gelassen, Ihr Leben selbst in die Hand zu nehmen.

Ein ganz eigenes Stück Lebensleistung erkennen wir bei *N. N.* im Zusammenhang mit seinem geliebten Hobby: dem Schützensport. Schon in *N.* und dann später hier in *N.* war er darin sehr aktiv: Er hat an Deutschen Meisterschaften im Bogenschießen teilgenommen und auch mit dem Gewehr war er oft bei Wettkämpfen auf vorderen Plätzen erfolgreich. Zudem hat er sich als Funktionär im Schützensport engagiert, war jahrelang in der Vorstandschaft im Schützengau und bei der Schützengesellschaft *N.*, die ihn dafür zum Ehrenmitglied ernannt hat. Wenn ein Schützenaufmarsch war, etwa beim ewigen Jahrtag in *N.*, dann war *N. N.* immer sauber herausgeputzt und stolz auf die Sache mit dabei.

Ein über die Maßen reiches, ausgefülltes Leben, das mit dem Tod Ihres Ehemanns und Vaters, Ihres Bruders, Schwagers und Onkels zu Ende gegangen ist. All das ist nun vollbracht.

Mit diesem Wort legt Jesus sein Leben zurück in die Hände seines himmlischen Vaters. So wollen wir das heute auch mit dem Leben unseres Verstorbenen tun. Und nach diesem Wort, so erzählt der Evangelist Johannes, neigte Jesus sein Haupt und gab seinen Geist auf. Lukas formuliert noch deutlicher: „… und er hauchte seinen Geist aus." Er spielt damit schon auf die Geistsendung durch den Auferstandenen an Pfingsten an. Dieser Heilige Geist ist unserem verstorbenen Bruder im Glauben durch Taufe und Firmung geschenkt worden. Und er hat sein Leben lang bewusst aus diesem Geist Gottes gelebt.

Er war fest verwurzelt im Glauben an Gott und gut beheimatet in der Kirche. Schon als Kind hat er in *N.* als Ministrant jeden Tag vor der Schule bei der Messe um 6.00 Uhr Dienst getan. Selbst nach Bombennächten ist er durch den Feuersturm zum Ministrantendienst ins St.-Anna-Kloster gelaufen. Und auch hier in *N.* hat *N. N.* sein Christsein aktiv gelebt, war er ein lebendiges Glied unserer Gemeinde. Die Teilnahme am Sonntagsgottesdienst war ihm eine selbstverständliche, gute Gewohnheit.

Es mag Zufall sein oder auch nicht, liebe Trauergemeinde, die Heimatpfarrei unseres Verstorbenen in *N.* war eine Hl.-Geist-Pfarrei; und als er 1970 nach *N.* übergesiedelt ist und hier sein Haus gebaut hat, da wurde gerade die neue Hl.-Geist-Kirche hier in *N.* geweiht, wo sich künftig sein religiöses Leben abspielen sollte. Wie gesagt, das mag Zufall sein, aber es passt zum Leben Ihres Bruders, Schwagers und Onkels.

N. N. war ein hellwacher, kluger Geist, sehr belesen. Er war ein Feingeist, kulturell interessiert an Musik, Operette und Theater, an Kunst und Kultur. Und in seinem Leben treten immer wieder Wesensmerkmale zutage, die wir mit den sieben Gaben des Heiligen Geistes in Verbindung bringen. Der Heilige Geist ist ein Geist, der Leben schafft. Der zeigt sich bei *N. N.* in seiner dem Leben und dessen schönen Dingen zugewandten Lebensweise und in der Art, wie er auch anderen ein gutes Leben ermöglicht und ihr Leben gefördert hat. Der Geist der Besonnenheit – in seiner ruhigen und ordentlichen Lebensführung. Der Geist der Erkenntnis und der Einsicht – wie er sich beruflich und privat weitergebildet hat und wie er anderen von seinem Wissen und seiner Erfahrung mitgeteilt hat, ohne belehrend zu sein. Und nicht zuletzt der Geist der Frömmigkeit und der Gottesfurcht – in seinem religiösen Leben.

Ja, ich glaube, man darf es so sagen: Unser verstorbener Bruder war ein Mann voll des Heiligen Geistes. Bei seinem Sterben hat er den Geist ausgehaucht, das Haupt geneigt, wie Jesus am Kreuz.

Durch sein Sterben gerade an den Kartagen, die dem Gedenken an Jesu Tod am Kreuz gewidmet sind, ist Ihr Ehemann und Vater Christus in besonderer Weise ähnlich geworden. So wie wir im Hochgebet beim Requiem immer wieder beten: „Durch die Taufe gehört er Christus an, ihm ist er gleichgeworden im Tod." Diese Taufberufung zur Lebensgemeinschaft mit Christus, zu einem Leben aus dem Geist Gottes hat unser Verstorbener mit Leben erfüllt. So dürfen wir darauf vertrauen, dass sich für ihn nun erfüllen wird, was dieses Gebet erbittet: „Gib ihm auch Anteil an der Auferstehung, wenn Christus die Toten auferweckt und unseren irdischen Leib seinem verklärten Leib ähnlich macht."

Als Kind, so haben Sie, liebe Angehörige, mir erzählt, ist Ihr Ehemann, Ihr Bruder und Schwager auf seinem Weg zum Ministrantendienst durch das vom US-Militär besetzte *N.* einmal von einem amerikanischen Soldaten aufgehalten worden, der ihn gefragt hat, wo er denn hin wolle. Der kleine *N.*, der kein Englisch konnte, habe als Antwort nur auf sein Gebetbuch gedeutet – und er durfte weitergehen. Sein Gebetbuch ist ihm zum Passierschein geworden. So möge unserem Verstorbenen nun sein rechtschaffenes Leben und sein gläubiges Festhalten an Gott – wie es in der Lesung über Abraham geheißen hat – von Gott als Gerechtigkeit angerechnet und ihm so zum Passierschein in den Himmel, zum ewigen Leben geworden sein. Sodass er, während wir hier auf Erden Ostern gefeiert haben, bereits im ewigen Ostern angekommen ist.

Sein ist die Zeit und die Ewigkeit

Die zeit ihres Lebens körperlich leidende und seelisch angeschlagene 88-jährige Lehrerswitwe lebte sehr zurückgezogen. Mit einem österlichen Dennoch hat sie geglaubt. In der Osterzeit ist sie überraschend plötzlich gestorben. Die Zeichen auf der Osterkerze, die bei ihrem Requiem brennt, deuten ihr Leben und Sterben in christlicher Perspektive.

Lesung: 1 Petr 1,3–9
Evangelium: Joh 5,24–29

Hier vor uns, an markanter Stelle im Altarraum, steht die Osterkerze, die in der Osternacht entzündet worden ist als sichtbarer Ausdruck der Osterbotschaft von Auferstehung und neuem Leben. Die ganzen 50 Tage der Osterzeit hindurch brennt sie bei allen Gottesdiensten als Zeichen der Osterfreude und unserer österlichen Hoffnung. Danach wird sie an die Seite gerückt und brennt dann wieder bei Taufen und beim Requiem für einen Verstorbenen. So brennt die Osterkerze heute in doppelter Weise für Ihre Mutter, Ihre Schwiegermutter und Oma *N. N.*, die in dieser Osterzeit verstorben ist. Sie brennt, um Ihnen und uns das Dunkel der Trauer über den Tod Ihrer Mutter und unserer Schwester im Glauben zu erhellen. So wollen wir heute ganz bewusst auf die Osterkerze und ihre Symbolik schauen, auf die Botschaft ihrer Zeichen hören.

Mit rotem Wachs prangt auf der Osterkerze die Jahreszahl 2010. Anno Domini – im Jahr des Herrn, so hat man früher gerne bei der Datumsangabe hinzugefügt. Die Jahreszahl auf der Osterkerze deutet uns die Zeit: Auch dieses Jahr 2010 ist ein Jahr des Herrn und damit ein Jahr des Heiles. Für *N. N.* ist dieses Jahr zu ihrem Todesjahr geworden. Trotz ihrer 88 Jahre kam ihr Tod doch recht überraschend. Schnell ist sie von uns gegangen, nachdem sie vor zwei Wochen wegen einer Darmentzündung ins Krankenhaus nach *N.* gebracht werden musste. Für Sie, liebe Angehörige, wird diese Jahreszahl 2010 deshalb für immer ein Stück traurige Erinnerung beinhalten, weil sie mit dem Tod Ihrer Mutter verbunden bleiben wird.

Aber, so dürfen wir im gläubigen Blick auf die Osterkerze sagen, die Zahl 2010 markiert für unsere verstorbene Schwester nicht nur das Ende ihres irdischen Lebens, sondern zugleich den Anfang des ewigen Heiles. Sie hat nun, wie es unsere Lesung ausgedrückt hat, das Ziel des Glaubens erreicht, das ewige Heil. Und das darf uns, so schreibt der Apostel Petrus, mit „von himmlischer Herrlichkeit verklärter Freude" erfüllen – auch wenn Sie jetzt noch unter der Trauer zu leiden haben wie unter einer Prüfung, die uns das Leben auferlegt.

Neben der Zahl 2010 steht auf dem Sterbebildchen für *N. N.* die andere Jahreszahl: 1921. Diese beiden Zahlen werden auch auf ihrem Grabstein eingemeißelt stehen: 1921–2010. Dazwischen spannt sich die Lebensgeschichte unserer Verstorbenen aus: ihre Kindheit in Oberfranken in der Nähe von *N.*; ihre Arbeit dort im Büro einer Korbflechterfirma; die Beziehung zu ihrem Mann *N.*, den sie im Krieg über eine Brieffreundschaft kennengelernt hat. Durch ihre gestochen schöne Schrift, die unsere Verstorbene sich ihr Leben lang bewahrt hat, ist er auf sie aufmerksam geworden. 1946 wurde geheiratet. Es folgte der Umzug nach Niederbayern in die Heimat ihres Ehemanns: zuerst nach *N.*, wo er die Lehrerstelle bekommen hatte. Weil sie im dortigen Schulhaus gewohnt haben, war *N. N.* immer ganz eng mit dem Beruf ihres Mannes, mit der Schule und den Schülern, verbunden. Noch Jahrzehnte später hat sie brieflichen Kontakt gehalten zu Bekanntschaften, die sich aus dieser Zeit ergeben hatten. In *N.* kamen dann auch ihre drei Kinder zur Welt. Zudem hat sie dort jahrelang ihre Mutter gepflegt. 1975 schließlich kam unsere Verstorbene hierher nach *N.*, wo sie viel Freude hatte an ihrem Haus mit dem schönen, großen Garten und den Blumen darin. Hier, wo sie nach dem Tod ihres Mannes alleine wohnen geblieben ist, hat sie, unterstützt von ihren Kindern, ihren Lebensabend verbracht.

Dieses Menschenleben, das mit den zwei Jahreszahlen 1921 und 2010 umrissen ist, und seine Lebensgeschichte, liebe Trauergemeinde, ist eingebettet in die viel größere Geschichte Gottes mit seiner Schöpfung. Das deutet uns die Osterkerze mit dem Alpha und dem Omega an. Es sind der erste und der letzte Buchstabe des griechischen Alphabets. Sie erinnern an das Wort des Auferstandenen aus der Offenbarung des Johannes: „Ich bin das Alpha und das Omega, der Anfang und das Ende, der Erste und der Letzte und der Lebendige. Ich war tot, doch nun lebe ich in Ewigkeit, und ich habe die Schlüssel zum Tod und zur Unterwelt." In der Osternacht, wenn am Osterfeuer die Osterkerze entzündet wird, zeichnet der Priester diese beiden Buchstaben auf die Kerze und spricht dazu: „Christus, gestern und heute, Anfang und Ende, Alpha und Omega. Sein ist die Zeit und die Ewigkeit. Sein ist die Macht und die Herrlichkeit in alle Ewigkeit."

Gott umspannt in seiner Ewigkeit das All und die ganze Weltgeschichte. Und darin ist auch unsere Lebensgeschichte aufgehoben. Aus seiner Hand hat Ihre Mutter das Leben empfangen. Als gläubige Christin – zuerst in der evangelischen Kirche und später, für die Heirat mit ihrem Mann, zur katholischen Kirche konvertiert – ist sie an der Hand Gottes durchs Leben gegangen. Beim Gottesdienst – in der Kirche oder via Bildschirm –, im Empfang der Kommunion hat sie das zum Ausdruck gebracht. In seine Hand legen wir heute ihr Leben zurück. Anfang und Ende ihres Lebens sind umfangen vom großen Geheimnis Gottes.

Wenn wir auf ein Menschenleben schauen, dann sehen wir immer nur einzelne Schlaglichter. Gott jedoch kennt uns ganz. Er schaut uns ins Herz. Sein Blick umfasst unsere Taten und unsere Absichten. Er wird *N. N.* anschauen mit dem Blick der Anerkennung für alles Gute in ihrem Leben und zugleich mit dem Blick der Barmherzigkeit für das, was in ihrem Leben Stückwerk geblieben ist, wo sie etwas schuldig geblieben ist.

In Christus umschließt Gott auch das Leben unserer verstorbenen Schwester im Glauben. In der Taufe ist sie in die Heilsgeschichte Jesu Christi eingebettet worden. Und sie hat dieses gottgeschenkte Heil gläubig angenommen und bewahrt. In der Taufe hat für sie das ewige Leben schon begonnen, wie es im Evangelium geheißen hat: „Wer mein Wort hört und dem glaubt, der mich gesandt hat, hat das ewige Leben; er … ist aus dem Tod ins Leben hinübergegangen." Nun, mit ihrem Sterben, so dürfen wir glauben, ist sie vollends in diesem neuen, ewigen Leben angekommen.

Von diesem Leben der Auferstehung kündet uns die Osterkerze. Freilich ist sie nicht einfach eine Siegerfackel. Auch durch Ostern sind Leid und Tod nicht einfach aus der Welt geschafft. Darum sind auf der Osterkerze weiterhin das Kreuz und die Wundmale Jesu zu sehen. Aber, so heißt es beim Entzünden der Osterkerze, von Ostern her leuchten seine Wunden in Herrlichkeit.

Auch bei Ihrer Mutter und Schwiegermutter hat das Leben Wunden geschlagen. Als Kind ist sie im Alter von vier Jahren in einen Kessel mit kochendem Wasser gefallen. Seither hatte sie zeitlebens Schwierigkeiten mit den Beinen, die ganz vernarbt waren. Darunter hat sie gelitten, nicht nur körperlich. Die letzten 20 Jahre ihres Lebens hatte sie als Folge dieses Unfalls mit offenen Beinen zu tun. Auch deshalb ist sie nur mehr wenig aus dem Haus gegangen. Zwei andere Wunden, die das Leben bei *N. N.* gerissen hat, waren der plötzliche Tod ihres Mannes bei einem Autounfall im Jahr 2001 und der frühe Tod ihres Enkels *N.* Auch diese Wunden in der Seele sind bei ihr nie ganz verheilt.

Leid und Tod sind eben auch nach Ostern nicht einfach passé, aber „verklärt ist" seither „alles Leid der Welt", wie wir eben im Osterlied gesungen haben. Sie sind nicht mehr die letzte Grenze, an der unser Leben und unsere Hoffnung zerschellen, sie sind durchbrochen wie das Grab Jesu, bei dem der Stein weggewälzt war. Dieses österliche Dennoch war auch bei unserer Verstorbenen immer wieder zu spüren. So hat sie geglaubt. Wenn sie bei meinen Besuchen zur Krankenkommunion ihr Leid geklagt hat über die Mühsal des Alters, wie viel Überwindung sie manches kostet, oder über die Schmerzen ihrer offenen Beine – im nächsten Satz hat sie sich selber schon wieder Mut zugesprochen.

Auch in solcher Zuversicht drückt sich österlicher Glaube aus, dass Leid und Tod für uns nicht das Letzte sind. Seit Ostern sind Leid und Tod – auch für uns – schon durchbrochen, aufgebrochen auf neues Leben hin. Das dürfen wir heute auch für unsere Verstorbene glauben. Dass sie nun in diesem neuen Leben angekommen ist und ihr das Licht der Osterkerze, das Licht der Auferstehung, nun auf ewig leuchtet.

Das irdische Lebenslicht von *N. N.* hat eher im Verborgenen gebrannt: wenn sie als Ehefrau, Hausfrau und Mutter ihrem Mann den Rücken für seine Arbeit freigehalten hat; mit dem, was sie in der Erziehung ihrer drei Kinder geleistet und für ihre Enkel und Urenkel getan hat; in ihrem Alleinsein, wenn ihr Mann die Woche über an seiner späteren Lehrerstelle im Bayerischen Wald gewesen ist; oder im Alter, mit ihrem zurückgezogenen Leben.

Aber jedes Jahr erleben wir in der Osternacht, wenn die neu entzündete Osterkerze in die Kirche hereingetragen wird, wie das Licht einer einzelnen Kerze die dunkle Kirche erhellt. So hat auch unsere Verstorbene mit ihrem Leben und Glauben Licht in die Welt gebracht. Das möge ihr der Auferstandene lohnen und sie mitnehmen in sein österlich verklärtes Leben, auf dass ihr dort das ewige Licht leuchte. Denn das ist unser Glaube, wie es der Priester der Gemeinde beim Entzünden der Osterkerze zuruft: „Christus ist glorreich auferstanden vom Tod. Sein Licht vertreibe das Dunkel der Herzen."

In der Schar deiner Heiligen

Am Morgen des Allerheiligentages wurde die 85-jährige Verstorbene überraschend tot im Bett gefunden. Als Pflegefall war sie im Haushalt Ihres Sohnes untergebracht und wurde dort von der Schwiegertochter fürsorglich betreut. Sie stammte aus sehr einfachen Verhältnissen. Die Beziehung ihres kriegsversehrten und daher arbeitsunfähigen Ehemanns, der vor über 30 Jahren verstarb, zu Ehefrau und Kindern war problembeladen. Trotzdem hat sie es immer irgendwie geschafft, ihre zehn Kinder groß zu ziehen und satt zu bekommen. Im Glauben hat sie inneren Halt gefunden. Obwohl sie selbst keine großen Reichtümer ihr Eigen nennen konnte, war die Verstorbene sehr großzügig und freigebig.

Lesung: 1 Joh 3,1–3
Evangelium: Mt 5,1–12a

Am Morgen des Allerheiligentages haben Sie Ihre Mutter und Schwiegermutter, nach einem langen Leben von 85 Jahren, völlig überraschend tot im Bett gefunden. Am Abend davor hatte noch nichts darauf hingedeutet, dass das Ende ihres Lebens so nahe bevorstehen würde. Wiewohl sich der Schatten des Todes schon lange über ihr Leben gelegt hatte. Vor sechs Jahren haben Sie, liebe Familie *N.*, Ihre Mutter deshalb zu sich nach *N.* geholt. Seit vier Jahren war sie ein Pflegefall, konnte nicht mehr sprechen, nicht mehr selber essen; selbst für die ganz elementaren Dinge des Lebens war sie auf Ihre Hilfe angewiesen. Sie haben ihr diese Hilfe angedeihen lassen, ihr damit ermöglicht, dass sie bis zuletzt in ihrer gewohnten Umgebung bleiben konnte. Damit haben sie Ihrer Mutter und Schwiegermutter einen ganz wertvollen Dienst erwiesen.

In der Nacht vor Allerheiligen ist dieses Leben zu Ende gegangen. Und so sehr Sie ihr Tod schmerzt, so spüren wir doch auch ein Stück Erlösung, das mit ihrem Sterben verbunden ist. An Allerheiligen schaut die Kirche aus nach unserer Erlösung. Wir, die wir noch auf unserer irdischen Pilgerschaft unterwegs sind, blicken auf die vielen erlösten und vollendeten Glieder der Kirche, die schon in ihrer ewigen Heimat im himmlischen Jerusalem angelangt sind, dort, wo Leid und

Tod sie nicht mehr berühren. Wir schauen an diesem Tag auf die unzählbare Schar der Heiligen, die mit ihrem Leben ganz bei Gott angekommen sind. Und genau das dürfen wir auch für unsere Verstorbene glauben: dass sie nach diesem Leben in die ewige Gemeinschaft der Heiligen eingetreten ist und dass sie dort Gott sehen darf, wie er ist – wie es in der Lesung aus dem Ersten Johannesbrief geheißen hat.

Das Hochfest Allerheiligen hat nichts mit christlichem Starkult zu tun; mit der Verehrung von Heroen, die uns haushoch überlegen, die für uns unerreichbar sind. Allerheiligen, das ist ein weiteres Osterfest, das große Pfund der Auferstehung Christi und unserer Erlösung gewechselt in die kleinen Münzen der Lebensgeschichten vieler einzelner von Christus erlöster und vollendeter Menschen. Die Heiligen, das sind Menschen wie wir, die offen waren für Gott, die sich auf ihn hin ausgestreckt haben, so wie es auch Ihre verstorbene Mutter, Schwester und Schwiegermutter getan hat.

Im Evangelium haben wir die Seligpreisungen Jesu gehört. Sie sind sein Programm für unseren Weg dem ewigen Ziel entgegen. Die Heiligen haben dieses Programm Jesu mit Leben erfüllt. Mit ihrem Leben legen sie uns das Evangelium aus. So haben sie die Botschaft Jesu für uns anschaulich gemacht, ihr ein Gesicht verliehen. Spuren dieser Seligpreisungen erkenne ich freilich auch im Leben von *N. N.* wieder.

„Selig, die arm sind vor Gott", sagt Jesus, „denn ihnen gehört das Himmelreich." Er preist damit diejenigen glücklich, die die Erfüllung ihres Lebens nicht von irdischem Besitz, sondern von Gott erwarten. Irdische Reichtümer hat unsere Verstorbene nicht besessen. In *N.* ist sie auf einem kleinen bäuerlichen Anwesen zusammen mit vier Geschwistern aufgewachsen. Nach ihrer Schulzeit hat sie bei Bauern der Umgebung für ihren Lebensunterhalt gearbeitet.

Mitten im Krieg, während eines Fronturlaubs 1944, hat sie ihren Mann *N.* geheiratet. Als arbeitsunfähiger Kriegsversehrter kam er 1945 schließlich nach Hause. Seine Rente musste für die Familie reichen: für seine Frau und für die zehn Kinder, denen sie im Lauf der Jahre das Leben geschenkt hat. Trotzdem hat sie es irgendwie geschafft, ihre Kinder groß zu bekommen und sich zusammen mit ihrem Mann ein kleines Häuschen zu bauen.

1973 schon ist ihr Mann gestorben. Seither ist sie allein geblieben. „Selig die Trauernden", verheißt Jesus, „denn sie werden getröstet werden."

Mit irdischen Reichtümern war *N. N.* nicht gesegnet. Ihr innerer Reichtum jedoch war Gott. Von ihm hat sie sich Segen und Erfüllung ihres Lebens erhofft. Unsere Verstorbene war wirklich eine fromme Frau. Solange es ihre Gesundheit erlaubt hat, ist sie regelmäßig in die Kirche gegangen. Vor allem die Gottesmutter hat sie sehr verehrt. Die Statue der Mutter Gottes von Lourdes hatte in ihrem Zimmer einen Ehrenplatz. Vor ihr hat sie viel und gerne gebetet. Manchmal hat sie die Marienfigur liebevoll gestreichelt. „Selig, die ein reines Herz haben", sagt Jesus, „denn sie werden Gott schauen."

Neben diesen weltbekannten Seligpreisungen der Bergpredigt überliefert uns der Apostel Paulus eine weitere Seligpreisung aus dem Munde Jesu, die vielleicht am deutlichsten im Leben von *N. N.* aufleuchtet. Sie heißt: „Geben ist seliger als Nehmen." Das hat unsere Verstorbene beherzigt, davon war sie durch und durch geprägt. Sie war eine herzensgute Frau, die immer gegeben hat. Freigebig hat sie von dem weitergeschenkt, was sie in ihrem Garten angebaut hat oder was sie bei ihren geliebten Spaziergängen im Wald gefunden hat. Ihren Kindern war sie eine liebende und fürsorgliche Mutter. Eher hat sie selbst auf etwas verzichtet, als dass ihren Kindern etwas abgegangen wäre.

Liebe Schwestern und Brüder, liebe Familie *N.*, nicht nur im Leben der großen Heiligen, die wir am Allerheiligentag in den Blick nehmen, auch im Leben Ihrer verstorbenen Mutter und Schwiegermutter finden wir also einzelne dieser Seligpreisungen Jesu verwirklicht, Spuren seines Programms für unseren Weg zur ewigen Vollendung. Und wo sie aus menschlicher Schwachheit den Spuren Jesu nicht gefolgt ist, da dürfen wir – wie wir an Allerheiligen gebetet haben – darauf vertrauen, dass Gott ihr auf die Fürsprache so vieler Heiliger hin sein Erbarmen schenken wird. All das macht uns zuversichtlich, dass unsere Verstorbene nun den Lohn des Himmels empfangen hat. Dass sie nun teilhaben darf an der ewigen Freude in der großen Schar der Heiligen im Himmel.

Der König auf dem Kreuzesthron

In den letzten Tagen des Kirchenjahres verstarb eine 77-jährige Frau, die seit ihrem 40. Lebensjahr an Parkinson litt. Im Blick auf Christus hat die Verstorbene ihr Kreuz getragen und mit ihrem starken Lebensmut andere angesteckt. Anderen eine Freude zu bereiten, war Ausdruck einer sich verschenkenden Liebe, die sie gelebt hat.

Lesung: 1 Kor 15,20–26.28
Evangelium: Lk 23,35–43

Wir stehen ganz am Ende des Kirchenjahrs; heute Abend, mit der Vorabendmesse vom 1. Advent, fangen wir ein neues an. In diesen letzten Tagen des Kirchenjahrs schauen wir aus auf das Ende der Welt, auf den Jüngsten Tag, auf Vollendung und Gericht. Wir blicken auch auf das Ende unseres eigenen Lebens, wenn für uns ganz persönlich jener Tag des Herrn kommen wird, von dem keiner von uns im Vorhinein den Tag und die Stunde kennt.

Für Ihre Mutter und Schwiegermutter, Ihre Schwester, Schwägerin, Oma und Uroma ist dieser letzte Tag am vergangenen Mittwoch, einen Tag nach ihrer Oberschenkelhalsoperation, überraschend schnell und unerwartet gekommen. Die Schriftlesungen bei den Gottesdiensten in diesen letzten Wochen des Kirchenjahrs lenken unseren Blick auf unsere ewige Heimat, die uns von Christus her im Himmel bereitet ist. In dieser ewigen Heimat, so dürfen wir vertrauen, ist Ihre verstorbene Mutter nun angekommen.

Ihre irdische Heimat hatte sie zunächst im Böhmerwald in *N.* im Kreis *N.* Dort ist sie 1928 als ältestes von sechs Geschwistern zur Welt gekommen. Als der Vater im Krieg und in Gefangenschaft war, hat sie zusammen mit der Mutter alleine die Landwirtschaft geführt. Als die große Schwester hat sie sich zudem sehr um ihre jüngeren Geschwister gekümmert. Im Zuge der Vertreibung der Sudetendeutschen musste sie nach dem Zweiten Weltkrieg ihre Heimat verlassen. In *N.*, wo die Familie zunächst eine Bleibe und Arbeit bei den Bauern gefunden hatte, und ab 1950 in *N.*, wo ihre Eltern ein landwirtschaftliches Anwesen kaufen konnten, hat unsere Verstorbene eine neue Heimat gefunden.

Durch die Heirat mit ihrem Mann *N.* 1953 und ihre fünf Kinder, die sie hier zur Welt gebracht und groß gezogen hat, ist sie schließlich hier in *N.* heimisch geworden. Vor fünf Jahren ist sie ihrer Parkinson-Erkrankung wegen nach *N.* ins Seniorenheim gezogen, wo sich Ihre Mutter, Ihre Schwiegermutter und Oma sehr wohl gefühlt hat, und die Schwestern dort haben sie sehr gern gehabt. Im Seniorenheim hat sie sich wirklich daheim gefühlt und so hat sie es auch gesagt, wenn sie sich bei Besuchen bei Ihnen verabschiedet hat: „Jetzt fahre ich wieder heim."

Liebe Familie *N.*, liebe trauernde Angehörige, Ihre Schwester, Ihre Mutter und Schwiegermutter hat nach Vertreibung und nach Umzügen immer wieder eine neue Heimat gefunden. Auch jetzt, wo sie bei ihrem Sterben aus ihrem irdischen Leib ausgezogen ist – so glauben wir –, ist ihr Weg nicht einfach ins Leere gegangen, sondern hinein in die ewigen Wohnungen bei Gott, bei dem sie jetzt ihre ewige Heimat gefunden hat.

Am letzten Sonntag des Kirchenjahres begehen wir den Christkönigssonntag; wir feiern Christus als unseren König. Ein König, der nicht oben ist und triumphiert, sondern unten ist; ein König, der leidet und am Kreuz stirbt. Ein König, der seinen Platz hat bei den Armen, den Kranken, den Ausgestoßenen und Sündern – ist das überhaupt ein König? Was hilft uns so einer?

In der Gestalt des Christuskönigs, dessen Thron das Kreuz und dessen Krone die Dornenkrone sind, wissen wir einen an unserer Seite, der nicht nur Triumph und Sieg kennt, sondern auch Leiden, Erniedrigung und Tod; einen, der das Kreuz nicht scheut, das jeder von uns trägt. Gerade dadurch ist er uns besonders nahe in den Widrigkeiten und Beschwernissen unseres Lebens.

Jesus Christus kennt das Leiden und das Schwere im Leben unserer Verstorbenen und ist ihr darin nahe: in ihrer Parkinson-Erkrankung, die bei ihr schon mit 40 Jahren ausgebrochen ist und die ihr das Leben zunehmend schwer gemacht hat, mit den vielen Stürzen und Knochenbrüchen, die sie sich dadurch immer wieder zugezogen hat; genauso in dem Leid, das sie mit dem Tod von zweien ihrer Söhne und beim Tod ihres Ehemanns zu tragen hatte, den sie 1994 beerdigen musste; und auch jetzt in der Not ihres eigenen Sterbens.

Als einer, der ebenfalls Leiden und Kreuz ertragen hat, ist Christus Ihrer verstorbenen Mutter gerade darin besonders nahe. Und sie selber hat sich – nicht nur in solchen schweren Zeiten – an ihn gehalten. Wer mit ihm durch alle Schwierigkeiten des Lebens hindurch verbunden bleibt, der kann letztlich nicht verloren gehen.

Ja, auch wenn es am Kreuz nicht den Anschein haben mochte und die Umstehenden und sogar einer der beiden, die zusammen mit Jesus gekreuzigt worden sind, ihn dafür verspottet haben: Jesus Christus ist ein König. Denn seit dem Ostermorgen, seit seiner Auferstehung setzt er die Maßstäbe für diese Welt. Sein Maßstab war die Liebe; eine Liebe, die sich hingibt und verschenkt.

Bei diesem König Christus, an seiner sich verschenkenden Liebe hat *N. N.* Maß genommen für ihr eigenes Leben. So war ihr zum Beispiel der Zusammenhalt in der Familie sehr wichtig; den hat sie immer gepflegt. Wenn die Familie zusammengekommen ist, das war ihr die liebste Freude. Von jedem ihrer 14 Enkel und neun Urenkel hat sie Namenstag und Geburtstag gewusst und für jeden hat sie etwas übrig gehabt, selbst wenn es nur eine Kleinigkeit war, die sie sich von dem Wenigen, das sie selber hatte, abgespart hat. Ihre verstorbene Mutter, Schwiegermutter und Oma – so haben Sie mir erzählt – hat immer das Positive gesehen und das Gute im Anderen herausgekehrt. Mit ihrem starken Lebensmut hat sie andere angesteckt. Wie Jesus hat sie sich den Blick für das Kleine bewahrt. Im Seniorenheim hat sie den Garten gepflegt, solange es irgendwie ging, sich um die Blumen gekümmert, Socken gestrickt – um damit anderen und auch sich selber ein wenig Freude zu bereiten, das Leben bunt und lebenswert zu machen.

Eine Liebe, die sich hingibt und verschenkt, so wie sie uns Jesus Christus vorgelebt hat, das war das Maß, das unsere Verstorbene für ihr Leben angelegt hat. Gewonnen hat sie diesen Maßstab im Blick auf Christus. Zeit ihres Lebens hat sie den Glauben an ihn durchgetragen. Immer wieder hat sie in der Kapelle im Seniorenheim betend auf ihn geschaut. Ich glaube, wir dürfen sagen: Christus ist wirklich zum König in ihrem Herzen geworden.

So dürfen wir Ihrer Mutter und Oma für ihre Sterbestunde wohl zu Recht das Wort dessen in den Mund legen, der da zusammen mit Jesus gekreuzigt worden ist: „Jesus, denk an mich, wenn du in dein Reich kommst." Und dürfen zuversichtlich sein, dass Christus ihr trotz aller menschlichen Schwachheit und Versagens, das es sicher auch in ihrem Leben gegeben hat, dieselbe Antwort darauf zugesprochen hat: „Amen, ich sage dir: Heute noch wirst du mit mir im Paradies sein."

Ansprachen mit Bezug zum Beruf des Verstorbenen

Ohne meine Haut werde ich Gott schauen

Ein pensionierter Hautarzt, 61 Jahre verheiratet und Vater von fünf erwachsenen Kindern, von hoher Allgemeinbildung, den schönen Dingen des Lebens zugewandt, aber ebenso bewusst religiös praktizierend und sozial engagiert, ist nach einer längeren, geduldig ertragenen Leidenszeit im Alter von 86 Jahren verstorben. An einem Heiligabend wurde er geboren, an einem Sonntag legte er sein Leben zurück in Gottes Hände.

Lesung: Ijob 19,1.23–27
Evangelium: Lk 2,25–32

Wenn uns etwas betroffen macht, uns etwas nahe geht, dann sagen wir: Das geht mir unter die Haut. Unsere Haut, das ist so etwas wie die Trennlinie zwischen innen und außen, die Grenze zwischen unserem Ich und dem Du. Was uns persönlich nahe geht, uns im Inneren bewegt, das muss uns deshalb unter die Haut gehen. Und oft genug zeigt sich das, was uns im Leben auf die Pelle rückt, darum auch in Symptomen auf unserer Haut. Als gelernter Hautarzt und langjähriger Betriebsarzt wusste Ihr Ehemann, Ihr Vater, Schwiegervater und Opa sehr genau um diese psychosomatischen Zusammenhänge.

Von einem, dem es auch so ergangen ist, haben wir vorhin in der Lesung gehört: von Ijob. Er war ein erfolgreicher Geschäftsmann und Oberhaupt einer großen Familie. Doch dann ereilt ihn eine Hiobsbotschaft nach der anderen: Sein Hab und Gut zerstört, seine Kinder überfallen und getötet, die eigene Gesundheit ruiniert. Am Ende sitzt Ijob mit einem Leib, übersät von Geschwüren, auf einem Misthaufen und schabt sich den Eiter aus den Wunden. Doch er, der Fromme, der von Gott derart auf die Probe gestellt wird, klagt nicht. Wenn ihn auch seine Freunde mit gut gemeinten Ratschlägen überziehen, er solle doch endlich von diesem Gott lassen, der ihn in dieses Elend gestürzt hat, ja seinen Gott verfluchen, Ijob bleibt bei seinem Glauben und seiner Zuversicht. Er formuliert ein wunderbares Bekenntnis; wir haben es vorhin in der Lesung gehört: „Ich weiß, dass mein Erlöser lebt … Ohne meine Haut, die so zerfetzte, und ohne mein Fleisch werde ich Gott schauen."

Die Hoffnung, die aus diesem wunderbaren Bekenntnis spricht, die hat auch Ihr verstorbener Ehemann und Vater im Herzen getragen. Und das ist es, was wir nun, nach seinem leiblichen Tod, für ihn erhoffen dürfen: Dass er durch Christus, seinen Erlöser, in einer neuen Schöpfung lebt, wo er Gott schauen darf – ohne sein Fleisch, das zuletzt so gepeinigte.

Wie der biblische Ijob konnte auch Ihr Ehemann und Vater auf ein langes, erfolgreiches Leben zurückblicken. 86 Jahre Lebenszeit waren ihm vergönnt. Selber aus einer Arztfamilie stammend, ist auch er Arzt geworden. In ärmlichen Zeiten nach dem Krieg hat er zu praktizieren angefangen und sich mit Beharrlichkeit und Konsequenz hochgearbeitet, für sich und seine Familie einen bescheidenen Wohlstand erwirtschaftet. Vor allem die letzten zehn Jahre hier in *N.* waren für ihn noch einmal eine wunderbar erfüllte Zeit. *N. N.* war dem Leben zugewandt. Er hat sich für die Dinge dieser Welt interessiert, hat viel gelesen, sich eine große Allgemeinbildung erworben. Und er wusste, lebenslustig, wie er war, die schönen Dinge des Lebens zu genießen. Auch seine Kriegsverletzung hat ihn davon und vom Feiern nie abgehalten.

In all dem eigenen Glück und Wohlergehen hat unser Verstorbener nie den Blick für andere verloren. Er hat fremde Not stets an sich herangelassen; ja, sie ist ihm unter die Haut gegangen. Auf vielfache Weise hat er versucht zu helfen: finanziell, mit Spenden für verschiedenste Hilfsprojekte, oder als medizinischer Gutachter im Einsatz für seine Patienten gegenüber Versicherungen und Rentenkassen.

In großer Treue war Ihr verstorbener Ehemann und Vater für Sie, seine Familie, da. 61 Jahre waren Sie, liebe Frau *N.*, miteinander verheiratet. Ihnen, seinen fünf Kindern, hat er allesamt einen guten Start ins Leben vermittelt und mit ansehen können, dass aus allen etwas geworden ist. In seiner liebevollen Strenge, von der Sie mir erzählt haben, in der er nicht lange diskutieren mochte, sondern klare Ansagen geliebt hat, hatte Ihr Vater etwas von einem biblischen Patriarchen an sich, so wie Ijob einer war.

Am Ende seines Lebens hatte er wie dieser ebenfalls eine schwere Leidenszeit zu bestehen. Doch er hat das Schicksal seiner Krankheit und Pflegebedürftigkeit sehr geduldig ertragen. Demut und Dankbarkeit, diese beiden Stichworte, die unserem Verstorbenen zeit seines

Lebens als Lebenshaltung wichtig waren, haben auch diese letzte, schwierige Wegstrecke seines Lebens geprägt. Auch darin ähnelt er dem biblischen Ijob. Und ich glaube, wir dürfen Ihrem Ehemann und Vater, Ihrem Schwiegervater und Opa das gläubige Wort des Ijob daher als sein eigenes Bekenntnis in den Mund legen. In dieser Überzeugung hat er selber sein Leiden ertragen und ist er auf den Tod zugegangen: „Ich weiß, dass mein Erlöser lebt … Ohne meine Haut, die so zerfetzte, und ohne mein Fleisch werde ich Gott schauen."

Diese Hoffnung auf Auferstehung, die schon der alttestamentliche Fromme, Ijob, als Summe seines Lebens formuliert hat, die ist seit Jesus Christus für uns noch sicherer geworden. Denn Gott hat auf die Hinfälligkeit seiner Geschöpfe geschaut. Das Elend des sterblichen Menschen ist ihm buchstäblich unter die Haut gegangen. Darum ist er in Jesus Christus selbst Mensch geworden, um uns aus unserer menschlichen Sterblichkeit zu befreien. Darum ist das ewige Wort des Vaters – mit Haut und Haaren – Mensch geworden, um uns zu erlösen.

Das feiern wir an Weihnachten. Ein adventlicher Hymnus besingt es in poetischer Verdichtung: „Gott, es ging dir zu Herzen sehr, da wir gefangen waren schwer, und sollten gar des Todes sein, drum nahmst du auf dich Schuld und Pein." An Ostern, durch Kreuz und Auferstehung Jesu, hat Gott dieses Heilswerk an uns vollendet, uns Menschen die Tür durch den Tod hindurch ins Leben aufgestoßen.

Liebe Familie *N.*, am Heiligen Abend 1918 ist Ihr Ehemann und Vater geboren, am vergangenen Sonntag, dem wöchentlichen Auferstehungstag, ist er gestorben. Das ist irgendwie zeichenhaft für ihn. Denn nicht nur diese beiden Daten machen deutlich: Sein Leben war ausgespannt zwischen Weihnachten und Ostern, zwischen Menschwerdung und Auferstehung, umfangen von der Heilsgeschichte Gottes. Genau so hat *N. N.* sein Leben auch verstanden und gelebt. Er hat sich ausgestreckt nach dem Heil, das Gott für uns bereithält. Dieses Heil hat er erwartet und gesucht im Gebet und in der Teilnahme am Gottesdienst. Beides hat ihm viel bedeutet. Eine unerschütterliche Gläubigkeit hat ihn ausgezeichnet. Mit seinem Gott verbunden, ist er gläubig durchs Leben gegangen.

Ihr verstorbener Ehemann und Vater hat mich deshalb, wenn ich ihm begegnet bin, immer ein wenig an den Simeon erinnert, von dem wir eben im Evangelium gehört haben. So wie ihn stelle ich mir diesen Simeon vor: das aktive Berufsleben längst hinter sich, die Kinder auf einen guten Weg gebracht und aus dem Haus, die eigenen Enkel heranwachsen gesehen, schon etwas gebrechlich, aber versehen mit der Weisheit des Alters, lebenssatt Ausschau haltend nach dem verheißenen Messias, dem kommenden Heil; sich Zeit nehmend für Gebet und Gottesdienst. Das ist der Simeon der Bibel; das war ebenso *N. N.* Nun, mit seinem Sterben, ist für ihn die Stunde gekommen, dass er dieses verheißene Heil schauen darf, dass er dem unendlichen Gott von Angesicht zu Angesicht begegnen darf.

So, glaube ich, dürfen wir heute unseren Verstorbenen mit den Worten des greisen Simeon sprechen hören: „Nun lässt du, Herr, deinen Knecht, wie du gesagt hast, in Frieden scheiden. Denn meine Augen haben das Heil gesehen, das du vor allen Völkern bereitet hast."

Von irdischen und himmlischen Schätzen

Der örtliche Lebensmittelhändler und Tankstellenpächter ist im Alter von 76 Jahren verstorben. Als Musiker und Mitglied bei zahlreichen Ortsvereinen liebte er die Geselligkeit. Auch eine Knochenkrankheit, die ihm von Kindheit an zu schaffen machte, hinderte ihn nicht, sich die vielfältigen Möglichkeiten dieser Welt zunutze zu machen. In der Pfarrei hat er viele Jahre lang den Organistendienst versehen und im Kirchenchor gesungen.

Lesung: Sir 2,1–9
Evangelium: Mt 13,44–50

Wir leben in einer Welt voller Möglichkeiten. Nicht nur Amerika gilt als das Land der unbegrenzten Möglichkeiten. Die ganze Schöpfung ist voll von Dingen, die uns Menschen nützen und Freude machen. Gott gönnt uns all die Dinge dieser Welt. Er selbst hat dem Menschen seine Schöpfung anvertraut, damit wir sie uns zunutze machen, damit wir mit den Dingen dieser Welt handeln, ihre Möglichkeiten gebrauchen und mit den schöpferischen Gaben, die Gott uns geschenkt hat, etwas daraus entwickeln zum Gebrauch oder einfach zur Freude des Menschen.

Und so spricht Jesus im Evangelium auch ganz selbstverständlich von einem Menschen, der auf der Suche nach Schätzen ist und sie für sich gewinnen möchte, oder von einem Kaufmann, der Handel treibt mit Perlen, immer auf der Suche nach der noch schöneren. Sie setzen ihren Besitz ein, um den größeren Schatz, die schönere Perle zu erlangen. Den Wert der irdischen Dinge zu kennen, sich daran zu erfreuen, danach zu streben, sie zu besitzen – das ist in dieser Welt ganz normal und gut. Gott hat seine Schöpfung selbst so eingerichtet.

Liebe Familie *N.*, Ihr verstorbener Ehemann und Vater, Ihr Schwiegervater, Bruder und Opa war deshalb zu Recht den Dingen dieser Welt positiv zugetan. Als Geschäftsmann hat er etwas verstanden vom Wert der irdischen Güter und vom Handel damit. Nach seiner Schulzeit hat er zunächst im elterlichen Betrieb – der Landwirtschaft, der Tankstelle, dem Lebensmittelgeschäft und dem Lagerhaus – mitgearbeitet; nach seiner Hochzeit 1955 hat er das Geschäft selbst übernommen und weitergeführt, bis er es 1981 an seinen Sohn übergeben hat. Aber auch im Ruhestand hat er noch mit zugelangt, soweit es seine Krankheit zugelassen hat.

Besonders das, was menschliche Erfindungsgabe, in Form von Autos und Motoren, zuwege bringen kann, hat ihn begeistert. Aber auch der unmittelbare Kontakt mit der Natur: etwa beim Fischen oder in der Sorge für den Familienhund, die ihm manchmal über alles andere ging.

Aber auch in anderer Hinsicht wusste sich unser Verstorbener zu erfreuen an den Möglichkeiten, die uns unser irdisches Leben bietet. Etwa an der Geselligkeit unter Mitmenschen im Verein: als förderndes Mitglied bei der Freiwilligen Feuerwehr *N.*, beim Eissportklub *N.* und beim ESV *N.* sowie als aktiver Sänger beim Männergesangverein *N.* Und da war natürlich seine Freude an der Musik. *N. N.* war ein Allround-Musiker, der eine Vielzahl von Instrumenten gespielt hat. Mit seiner Musik in unterschiedlichsten Gruppen und Besetzungen hat er das Herz seiner Mitmenschen erfreut.

Liebe Schwestern und Brüder, all diese schönen Dinge der Welt, die das Leben lebenswert machen, sollen und dürfen wir nutzen. Wenn wir das tun, dann ist es gut und richtig. Aber, so sagt Jesus, wir sollen dabei den Wert der irdischen Dinge richtig einschätzen. Die Dinge dieser Welt sind noch nicht alles. Es gibt darüber hinaus noch Wichtigeres: das, was Jesus in seinen Gleichnissen mit dem Stichwort Himmelreich bezeichnet. Um das zu erlangen, so sagt Jesus, lohnt es sich, alles andere, alles Irdische dran zu geben, um diesen Schatz im Himmel, unseren ewigen Lohn zu erhalten.

Liebe Familie *N.*, so sehr Ihr verstorbener Ehemann und Vater die Dinge dieser Welt geschätzt hat, so sehr war ihm doch stets bewusst, dass es im Leben noch Wichtigeres gibt. Dazu hat für ihn der Zusammenhalt in der Familie gehört: mit seinen drei Söhnen und seinen Schwiegertöchtern, mit den Enkelkindern, deren Großwerden er mit Interesse verfolgt hat, und natürlich mit Ihnen, Frau *N.*, seiner Frau. Fast 50 Jahre waren Sie miteinander verheiratet. Im November hätten Sie die Goldene Hochzeit feiern können. Und es ist noch gar nicht so lange her, da hat Ihnen Ihr Mann auf seine humorvolle Weise gesagt, dass er diese 50 Jahre mit Ihnen als eine durch und durch gute und schöne Zeit in Erinnerung hat. Ist das nicht eine wunderbare Liebeserklärung nach 50 Jahren? Da bewahrheitet sich der Spruch, den ich vor einiger Zeit gelesen habe: „Die Treue ist das Alltagsgewand der Liebe."

Zu wissen, dass es im Leben dennoch Wichtigeres gibt als irdischen Besitz und weltliche Freuden, dazu hat im Leben unseres Verstorbenen vermutlich auch seine schwer behandelbare Knochenkrankheit beigetragen, die ihm schon von Kindesbeinen an zu schaffen gemacht hat. Sie war ihm ein Leben lang ein Stachel im Fleisch, der ihm viele Behandlungen und Operationen beschert hat; ein Leben mit Krückstock und Rollstuhl, zuletzt eine jahrelange Bettlägerigkeit und Pflegebedürftigkeit.

Dass er dennoch bis zuletzt zuhause in seiner gewohnten Umgebung bleiben konnte, damit haben Sie, liebe Angehörige, ihm einen unschätzbaren Dienst getan. Er hat all die Pflege und das Umsorgtwerden von seinen nächsten Angehörigen dankbar angenommen und sich immer wieder eigens für einzelne Handgriffe oder Besuche bedankt. Obwohl er schon seit einem Jahr mittels Magensonde ernährt werden musste, kam sein Sterben am Montagabend doch plötzlich und überraschend. Seine Lebenskraft war mit fast 77 Jahren offensichtlich aufgebraucht; der Zeitpunkt gekommen, dieses irdische Leben hinter sich zu lassen.

N. N. hat es getan in der Hoffnung auf ein neues Leben im Himmelreich Gottes. Um diesen Schatz des ewigen Lebens zu erlangen, sagt Jesus, lohnt es sich, alles andere – auch unser Leben hier auf Erden – dran zu geben. Nach diesem Schatz des Himmelreiches, nach dieser wertvollsten Perle, hat unser Verstorbener sein Leben lang aktiv gesucht durch ein Leben aus dem Glauben. Schon als Kind hat er im Advent täglich frühmorgens bei den Roratemessen gesungen. Lange Jahre hat er später im Kirchenchor seine Stimme zur Ehre Gottes erklingen lassen, so wie er auch den Organistendienst in *N.* von seinem Vater übernommen und viele Jahre hindurch geleistet hat.

N. N. hat sein musikalisches Talent, das er von seinem Schöpfer mitbekommen hatte, in das Leben unserer Pfarrei eingebracht und es auch zur Verherrlichung Gottes eingesetzt. Damit hat er seinem Gott gezeigt, dass er ihm etwas bedeutet und dass er sein Vertrauen auf ihn setzt. Auch in der Bedrängnis der Krankheit hat unser Verstorbener seinen Glauben durchgetragen. Wie Gold, das im Schmelzofen geläutert wird, wie es in der Lesung geheißen hat, hat sich sein Glaube auch in der Bedrängnis bewährt.

Liebe Familie *N.*, Gott wird solchen Glauben und solches Vertrauen bei einem, der die Dinge dieser Welt zu schätzen wusste, sie nach Gottes Willen gebraucht hat, aber sich darüber hinaus den Blick für die ewigen Güter bewahrt hat, nicht enttäuschen. So dürfen wir darauf vertrauen, dass Gott Ihren verstorbenen Ehemann und Vater, Ihren Schwiegervater und Opa, wenn er am Letzten Tag Gericht halten wird – wie es im Evangelium geheißen hat –, zu den Gerechten zählen und ihm die ewigen Güter anvertrauen wird. Dass er ihm den ewigen Lohn nicht vorenthalten wird: die immerwährende Freude im Himmel, das ewige Heil.

Durch den dunklen Tunnel des Todes

Der vielfach handwerklich begabte 84-jährige Verstorbene fand nach verschiedenen Tätigkeiten schließlich seinen Beruf als Beamter bei der Deutschen Bundesbahn. Obwohl nicht selbst im Schienenverkehr tätig, war ihm die Welt der Züge bestens vertraut. Der Suizid seiner Tochter, den er nie ganz verarbeiten konnte, und die eigene schwere Erkrankung haben ihn im Alter gezeichnet.

Lesung: Offb 21,1–5a.6b–7
Evangelium: Joh 14,1–6

Unser Leben gleicht einer Reise. Es hat einen Anfang und ein Ziel. Durch Höhen und Tiefen, auf breiten und bequemen Straßen, aber auch über schmale, steinige Pfade, im Auf und Ab schlängelt sich der Reiseweg unseres Lebens dahin, bis wir einmal unsere letzte Reise antreten müssen, die uns aus dieser Welt hinausführt.

Ich denke, von seinem Beruf bei der Bahn her, liebe Familie *N.*, lag Ihrem Ehemann und Vater dieses Bild sehr nahe. Nach einer Maurerlehre und einigen Jahren in diesem Beruf wechselte er zur Bundesbahn, wo er im Bereich der Fernmeldemeisterei seinen Aufgabenbereich fand. Mit seinem fleißigen und engagierten Wesen schaffte er über Fortbildungen in seiner Berufslaufbahn den Aufstieg bis zum Oberwerkmeister, nachdem er 1967 ins Beamtenverhältnis auf Lebenszeit übernommen worden war. 1990 wurde er in den wohlverdienten Ruhestand versetzt.

Wenn *N. N.* bei der Bahn auch nicht selbst im Schienenverkehr unterwegs war, so war er doch vertraut mit der Welt der Gleise und Züge. Am *[Datum]* wurde er von unserem Schöpfer als Sohn des Landwirtsehepaars *N.* und *N. N.* in *N.* auf die Gleise seiner Lebensreise gesetzt. Zwei Tage später wurde er von Benefiziat *N. N.* in *N.* getauft. Mit der Taufe auf den dreifaltigen Gott war seinem Leben die Spur gelegt. Und unser Verstorbener ist dieser Spur sein Leben lang treu gefolgt. In den Gleisen unseres Glaubens hat er sein Leben gestaltet. Die regelmäßige, bewusste Mitfeier des Gottesdienstes Sonntag für Sonntag mit dem anschließenden Besuch beim Stammtisch ist das äußere Zeichen dafür. Vier Wochen vor seinem Tod war er noch zusammen mit seinen Stammtischfreunden auf Wallfahrt in Mariazell. Auch seine 42-jährige Mitgliedschaft bei der Marianischen Männerkongregation und seit vielen Jahren bei der Kolpingfamilie spricht von diesem gläubigen Leben. Ebenso dass er noch in seinem Sterben für sich die Feier der Krankensalbung gewünscht und erhalten hat. Ihr Ehemann und Vater, Ihr Schwiegervater und Opa ist mit seinem Leben Christus nachgefolgt, der von sich sagt: „Ich bin der Weg, die Wahrheit und das Leben." Auf diesem Weg Jesu Christi ist *N. N.* gegangen, auf die Wahrheit der Botschaft Jesu hat er sein Leben gebaut. Das weckt in uns die Zuversicht, dass er durch Christus nun auch das ewige Leben gefunden hat.

Liebe trauernde Angehörige, liebe Schwestern und Brüder, auf seiner Lebensreise hat *N. N.* heiter-sonnige Abschnitte erlebt, wo die Reise sozusagen angenehm durch reizvolle Landschaften führt. Allem voran im Familienleben: 1957 die Heirat mit seiner Frau *N.* – nächstes Jahr hätten Sie die Goldene Hochzeit feiern können –, die Geburt seiner drei Kinder und der vier Enkel, der gute Zusammenhalt in der Familie. Hierher gehört seine Freude an der Geselligkeit im Vereinsleben: bei der Freiwilligen Feuerwehr *N.*, wo er 1981 für 25 Jahre aktive Dienstzeit geehrt worden ist, beim Bayerwaldverein, beim Sportverein sowie beim Obst- und Gartenbauverein. Er war selbst ein großer Gartenliebhaber, hat viele Stunden mit Gartenarbeit zugebracht. Zu diesen schönen Seiten des Lebens zählen auch die vielfältigen handwerklichen Fähigkeiten unseres Verstorbenen. Als gelernter Maurer und später als Elektriker, aber auch in der Schreinerei wusste er sich handwerklich gut zu helfen. Und er hat damit auch anderen gerne geholfen, etwa beim Hausbau. *N. N.* war ein Bastler und Tüftler, der für sein Leben gern gewerkelt hat.

Die Lebensreise hat für Ihren Ehemann und Vater aber auch harte, beschwerliche Abschnitte bereitgehalten, wo man sich – wie eine Lokomotive an einer Steigung – schwer schnaufend plagt. Vor allem der tragische Tod seiner Tochter *N.* vor fünf Jahren war so ein Wegstück, mit dem er zu kämpfen hatte. Er hatte inzwischen damit zu leben gelernt, aber diese schreckliche Erfahrung hat ihn doch gezeichnet und ihn nie ganz losgelassen. Auch seine eigene Erkrankung, gegen die er seit mehreren Jahren mit immer wiederkehrenden Chemotherapien angekämpft hat, gehört zu den düsteren Abschnitten der Lebensreise unseres Verstorbenen. Es ist schon irgendwie tragisch, dass er als jahrzehntelanger, oftmaliger Blutspender – dreimal hat er dafür vom Bayerischen Roten Kreuz die Ehrennadel in Gold verliehen bekommen –, dass er nun selber ausgerechnet an einer Bluterkrankung zu leiden hatte. Zuletzt war sein Immunsystem davon so sehr geschwächt, dass eine Lungenentzündung ein schnelles Ende gebracht hat. Am Samstagabend ist die Lebensreise Ihres Ehemanns und Vaters im Krankenhaus in *N.* in den dunklen Tunnel des Todes eingefahren.

Liebe Schwestern und Brüder, wer bei einer Bahnfahrt zum ersten Mal im Leben durch einen Tunnel fährt, der kann es beim Eintauchen in dieses dunkle Loch mit der Angst zu tun bekommen. Weiß er doch nicht mit letzter Sicherheit, ob der Weg am anderen Ende wieder aus dem Dunkel herausführen wird. So geht es uns auch mit dem Sterben. Es ist für jeden von uns das erste Mal. Wir haben keine Erfahrung davon, was hinter dem Dunkel des Todes liegt. Doch in Jesus Christus ist einer von dieser Reise durch den Tod zurückgekommen. Als der Auferstandene hat er uns Kunde davon gebracht, dass der Tod kein schwarzes Loch ist, das alles Lebendige verschluckt, keine dunkle Endstation, sondern wie ein Tunnel. Am anderen Ende des Tunnels wartet auf uns das Licht des ewigen Lebens. Viele Menschen, die bereits klinisch tot waren und ins Leben zurückgeholt wurden, beschreiben ihre Erlebnisse an der Grenze des Todes genau so: wie das Zugehen auf ein strahlendes Licht am Ende eines Tunnels.

In einer Vision durfte der Seher Johannes bereits einen Blick in diese neue Welt am anderen Ende des Tunnels tun, wir haben davon in der Lesung gehört. Es wird ein Leben sein in der unmittelbaren Anschauung Gottes. Ein Leben, das nicht mehr vom Tod bedroht und von seinen Begleitern – von Tränen, Trauer, Klage und Mühsal – beschwert wird.

Von seinem Beruf bei der Bahn, aber noch mehr von seinem Glauben her hat unser Verstorbener gewusst, dass unsere Lebensreise durch den Tunnel unseres leiblichen Todes hindurchführt. In diesem Glauben, dass sein Lebenszug am anderen Ende dieses Tunnels nun eingelaufen ist im Bahnhof des himmlischen Jerusalem, in den ewigen Wohnungen Gottes, winken wir ihm heute zum Abschied nach als Zurückbleibende am Bahnsteig des Lebens.

Vorrücken gefährdet?

Der verstorbene 81-jährige ehemalige Schulleiter war ein geradliniger Mensch mit einer starken, dominanten Persönlichkeit, die den Umgang mit ihm nicht immer einfach machte. Er hat in seinem Leben viel geleistet und auch von anderen Leistung erwartet. Dennoch blieb bei ihm immer das Gefühl, es könnte doch nicht genug sein. Dieses Gefühl hat er bisweilen auch in denen geweckt, die mit ihm zu tun hatten. Wegen zunehmender Demenz im Seniorenheim untergebracht, musste er in den letzten Lebensjahren lernen, manches geschehen zu lassen. Neben der leistungsorientierten Geradlinigkeit, die sein Leben kennzeichnet, gab es aber auch Brüche in seiner Lebensgeschichte.

Lesung: Jes 43,1–3a.4–7
Evangelium: Mt 25,14–30

Wir reden davon, dass wir in einer Leistungsgesellschaft leben. „Leistung muss sich wieder lohnen!", so hat vor ein paar Jahren eine oft gehörte politische Parole gelautet. Ja, wir Menschen können und sollen etwas leisten, die Fähigkeiten einsetzen und entwickeln, die Gott uns geschenkt hat. Gott hat jedem Menschen seine ganz eigenen Talente gegeben, so ist es eben im Gleichnis Jesu angeklungen. Und Gott will, dass wir mit diesen Talenten arbeiten. Am Ende soll man dankbar und stolz auf unsere Lebensleistung blicken können.

N. N. war mit vielfältigen Talenten gesegnet. Und er hat sie eingesetzt. Er war ein geradliniger Mensch mit einer starken Persönlichkeit. Er stammte aus einer Oberpfälzer Landwirtschaft mit Landgaststätte und Metzgerei. Mit 17 Jahren wurde er noch vor dem Abitur vom Gymnasium weg in den Krieg nach Russland geschickt. Die traumatischen Erfahrungen des Krieges haben ihm sein Leben lang zu schaffen gemacht.

Zurück aus dem Krieg und mit einem Notabitur versehen, hat er in Weihenstephan Landwirtschaft studiert und ist danach als Berufsschullehrer nach *N.* in den Schuldienst gegangen. Die Berufsschule ist seine Lebensaufgabe geblieben, in der unser Verstorbener Bleibendes geleistet hat. Inzwischen verheiratet und als zweifacher Familienvater, kam er 1965 nach *N.*, wo er die Berufsschule des Landkreises *N.* als Schulleiter übernommen hat. Nach der Landkreisreform wurde er schließlich Oberstudiendirektor der Staatlichen Berufsschule für Land- und Hauswirtschaft, Gartenbau und Floristik in *N.* Als solcher hat er die Berufsfachschule für Hauswirtschaft und Kinderpflege mit angeschlossenem Internat in *N.* aufgebaut.

Auch außerhalb seines Berufsfeldes war Ihr Ehemann und Vater engagiert und erfolgreich tätig: so zum Beispiel in seinem Hobby, der Pferdezucht, oder etwa als Kreistagsabgeordneter für die CSU, der er mehr als 50 Jahre lang angehört hat.

Liebe trauernde Angehörige, als Lehrer und Schulleiter hatte Ihr verstorbener Mann und Vater ein Leben lang zu tun mit Leistungsnachweisen, mit Noten und Beurteilungen. Das hat ihn geprägt. Er hat viel für seinen beruflichen und privaten Erfolg gewerkelt und konnte ihn doch manchmal nicht recht genießen. Da war immer wieder das Gefühl, es könnte doch nicht genug sein. Und dieses Gefühl hat Ihr Ehemann und Vater mitunter auch in denen geweckt, die mit ihm zu tun hatten. Es ist ihm nicht leicht gefallen, damit umzugehen, wenn etwas nicht nach seinen Vorstellungen lief. Er hat nach hohen Idealen gestrebt und hat doch immer wieder auch das eigene Ungenügen verspürt.

Erst in seinen letzten Lebensjahren hat sich diese Spannung gelöst. In den dreieinhalb Jahren, in denen er nach einem Schlaganfall und wegen schleichender Demenz im Pflegeheim in *N.* untergebracht war, ist er zunehmend gütiger, toleranter und zufriedener geworden. Er, der ein Leben lang vieles bestimmt hatte, musste nun mehr und mehr geschehen lassen. Und er konnte diese Situation annehmen. So waren die Jahre im Pflegeheim – so merkwürdig das vielleicht klingen mag – noch einmal eine wichtige und sehr wertvolle Lebensphase für ihn. An den Folgen eines weiteren Schlaganfalls ist Ihr Vater nach einigen Tagen im Krankenhaus am vergangenen Mittwoch in *N.* verstorben.

Liebe Schwestern und Brüder, wenn man am Ende eines Lebens auf seine Lebensleistung zurückblickt, kann in einem Menschen die Frage aufsteigen: Reicht der Leistungsnachweis meines Lebens vor Gott aus? So wie im Gleichnis von den Dienern Rechenschaft verlangt wird über ihr Wirtschaften mit den ihnen anvertrauten Talenten. Reicht das, was ich geleistet habe, aus für meine ewige Vollendung?

Reicht es – um im Schuljargon zu sprechen – zum Vorrücken? Langt es, um in den Himmel zu kommen?

Diese Frage schwingt auch im Gleichnis von den anvertrauten Talenten mit. Wie wird Gott urteilen, wenn ich ihm am Ende den Ertrag meines Wirtschaftens vorlege? Diese Frage bewegt die Diener. Und es ist interessant, was Jesus dem Herrn, also Gott, in seinem Gleichnis in den Mund legt. Gott freut sich über den guten Ertrag, den einer am Ende seines Lebens vorweisen kann. Er lobt den Diener dafür. Auch bei *N. N.* wird er vieles zu loben haben. Aber der Lohn bemisst sich nicht nach der vorgelegten Leistung. Er ist für alle derselbe. Er hängt nicht davon ab, ob einer viele Talente hat oder wenige. Ob es Begabungen sind, mit denen man glänzen kann, oder Gegebenheiten, mit denen nicht so leicht umzugehen ist. Wenn man sie nur einsetzt. Der ewige Lohn bleibt zuletzt doch Geschenk. Es heißt im Gleichnis von den anvertrauten Talenten: „Du bist im Kleinen ein treuer Verwalter gewesen, ich will dir eine große Aufgabe übertragen. Komm, nimm teil an der Freude deines Herrn." Und nicht: „Sehr gut! Damit hast du dir den Himmel verdient."

Den Himmel kann sich keiner verdienen. Er bleibt Geschenk. Die Vollendung unseres Lebens ist eine Gabe Gottes. So wie auch dieses irdische Leben ein Geschenk Gottes an uns ist. Gott freut sich über alles, was wir in seinem Sinne tun. Wir dürfen seine Schöpfung mitgestalten; wir sollen mitbauen am Reich Gottes. Und dabei sollen wir uns ordentlich einsetzen. Da dürfen und sollen wir etwas leisten.

Aber Gott beurteilt unser Leben nicht einfach nach Leistung. Gott weiß sehr genau um unser Menschsein mit seinen Höhen und mit seinen Abgründen. Er kennt unseren guten Willen und unsere Schwächen. Das, was wir geleistet haben, und das, was wir schuldig geblieben sind. Er weiß auch um die Brüche im Leben unseres Verstorbenen: um das Auseinandergehen seiner Ehe, die einmal für ewig versprochen war, zugunsten einer neuen Beziehung; um die Situationen, in denen es nicht einfach war, mit seiner dominanten Persönlichkeit umzugehen.

Liebe Schwestern und Brüder, Gott sieht unser redliches Bemühen, mit unseren je eigenen Talenten zu wirtschaften. Und vor allem: Er sieht auf uns wie ein barmherziger Vater. Wir dürfen uns auf die Zusage Gottes verlassen, die wir vorhin in der Lesung gehört haben: „Ich habe dich beim Namen gerufen, du gehörst mir ... Ich bin dein Retter." Nicht wir müssen den Himmel schaffen. Gott wird unser Retter sein, wenn wir durch das Feuer von Leiden und Sterben gehen, wenn uns die Ströme des Todes wegzureißen drohen.

Gott bietet uns Menschen seinen Bund an. Einen Bund, aus dem wir auch im Tod nicht herausfallen. Es sei denn, wir würden uns Gottes Auftrag und Bund gänzlich verweigern, so wie der dritte Knecht im Gleichnis es getan hat.

In diesen Bund ist Ihr Mann, Ihr Vater und Opa bei seiner Taufe aufgenommen worden. Dort ist ihm von Gott her die Lebensgemeinschaft mit seinem Schöpfer zugesagt worden, die Gott von sich aus nie aufkündigen wird – auch im Tod nicht. In der Taufe hat Gott Ihren Mann und Vater fest in seine Hand geschrieben. Er selbst hat sein Leben in diesem Glauben verankert gewusst und diesen Glauben an seine Kinder und Enkel weitergegeben. In der Teilnahme am Gottesdienst – sonntags oder zuletzt freitags bei der Messe in der Hauskapelle im Seniorenheim in *N.* – hat er sich immer wieder nach diesem Hoffnungsanker ausgestreckt.

Liebe trauernde Angehörige, auf diese hoffnungsvolle Zusage Gottes wollen wir heute bauen: „Fürchte dich nicht, denn ich habe dich ausgelöst." Diese Zusage gilt über den Tod hinaus. Sie gilt auch Ihrem Verstorbenen. So dürfen wir hoffen, dass er nun, wenn er mit seinem Leben vor Gott hintritt, den ewigen Lohn empfängt und für sich ganz persönlich die Einladung Jesu hören darf: „Komm, nimm teil an der Freude deines Herrn."

Euer Ja sei ein Ja, und euer Nein ein Nein

Der 86-jährige verstorbene Polizist, dem Recht und Ordnung zur Lebensaufgabe geworden waren, hat selbst ein durch und durch ordentliches Leben geführt. Genauso konsequent war seine Lebensführung in Dingen des Glaubens. Er war ein überzeugter Katholik, der seine Kirche geliebt und eng verbunden mit ihr gelebt hat. Auf vielfache Weise hat er sich in seiner Pfarrgemeinde engagiert. Zudem war der Verstorbene ein ausgeprägter Marienverehrer.

Lesung: 1 Petr 1,3–9.13
Evangelium: Joh 19,17–18.25–30

Das Neue Testament überliefert uns ein Wort Jesu – und zwar gleich an zwei Stellen –, das zu einer sprichwörtlichen Lebensregel geworden ist: „Euer Ja sei ein Ja, und euer Nein ein Nein." Darin spiegelt sich viel von der eigenen Lebenshaltung Jesu wider. Zu solcher Klarheit und Geradlinigkeit hat er auch seine Jünger aufgefordert: den geraden Weg durchs Leben zu gehen, entschlossen und konsequent an den Geboten Gottes orientiert, aufrichtig und mit wachsamem Blick für Gott und die Mitmenschen. So wie es am Ende der Lesung geheißen hat: „Umgürtet euch, und macht euch bereit! Seid nüchtern, und setzt eure Hoffnung ganz auf die Gnade." Wer so durchs Leben geht, dem braucht nicht bange zu sein vor dem Tag des Herrn, wenn sein Leben von ihm zurückgefordert wird. Der ist bereit für diese entscheidende Stunde.

„Euer Ja sei ein Ja, und euer Nein ein Nein" – von solcher Wesensart war auch Ihr verstorbener Ehemann und Vater, Ihr Schwiegervater und Opa. Das hat er sich wohl bei Jesus abgeschaut. Er hat ein durch und durch ordentliches Leben geführt: in seinem Privatleben, wo er gegen sich und andere sehr konsequent war; in seinem Beruf als Polizeibeamter, wo es zu seinen Aufgaben gehört hat, für Recht und Ordnung einzutreten; und genauso in seinem Glauben, den er mit vollster Überzeugung gelebt hat. Sein lautes und bewusstes „Amen", mit dem er die Gebete in der Kirche bekräftigt hat, klingt wohl vielen von uns noch in den Ohren.

Als Ältester von fünf Geschwistern wurde *N. N.* am *[Datum]* in *N.* geboren, wo er auf dem Bauernhof seiner Eltern aufgewachsen und zur Schule gegangen ist. Nachdem er ein paar Jahre in der elterlichen Landwirtschaft mitgearbeitet hatte, musste er als 19-Jähriger in den Krieg ziehen. Als Sanitäter war er unter anderem bei der äußerst verlustreichen und grausamen Schlacht um Montecassino dabei. Diese traumatischen Kriegserlebnisse haben ihn sein Leben lang nicht losgelassen und ihm zuzeiten innerlich zugesetzt. Nach dem Unrecht, als das er diesen Krieg selber empfunden hat, war es für unseren Verstorbenen nur konsequent, dass er sich 1945 nach seiner Heimkehr aus einer kurzen Gefangenschaft gezielt für eine andere gesellschaftliche Ordnung eingesetzt hat: nämlich für Rechtsstaatlichkeit und Gerechtigkeit.

So ist er auf die Polizeischule gegangen. 35 Jahre hat er seinen Dienst als Polizist getan – an seinen Einsatzorten in *N.*, dann in Oberfranken und schließlich in *N.* –; und diesen Dienst – wer hätte es von *N. N.* anders erwartet? – hat er sehr ernst genommen. Konsequent, wie er war, hat er bis zum letzten Tag Dienst gemacht. Darauf war er stolz. Schon vor der Zeit aufzuhören, eine solche Art von Nachgeben gegen sich selber kam für ihn nicht infrage.

Mit diesem Durchhaltevermögen und der Beharrlichkeit in persönlichen Dingen hat es Ihr Ehemann und Vater auch geschafft, mit den Folgen seines schweren Schlaganfalls umzugehen, den er vor 14 Jahren erlitten hat. Trotz seiner körperlichen Einschränkungen beim Gehen und Sprechen hat er nie über seinen Zustand gejammert. Er war dennoch dankbar für alles und hat eine große Zuversicht ausgestrahlt. „Ihr seid voll Freude, obwohl ihr jetzt unter mancherlei Prüfungen leiden müsst", schreibt der Apostel Petrus. Das sehen wir bewahrheitet an *N. N.* Darin hat sich – wie es in der Lesung geheißen hat – „sein Glaube bewährt".

Ein entschiedenes Ja hat unser Verstorbener zu Ehe und Familie gesagt und das sein Leben lang treu durchgehalten. 60 Jahre waren Sie, liebe Frau *N.*, mit Ihrem Mann verheiratet. Im Februar konnten Sie im Seniorenheim in *N.*, wo er seit einigen Monaten wegen seiner ernsten gesundheitlichen Probleme untergebracht war, die Diamantene Hochzeit feiern – ein Tag, der Ihrem Mann sehr wichtig und wertvoll war. Für Sie, seine drei Kinder, war er all die Jahre ein treu sorgender Vater. Die Familie – und dazu zählte er nicht nur seine Kinder, seine sechs Enkel und zwei Urenkel, sondern genauso seine Schwiegerkinder und die Ehepartner seiner Enkel – seine Familie ging unserem Verstorbenen über alles. Mit dem Vorbild einer konsequenten Lebensführung, mit seiner Geradlinigkeit und Aufrichtigkeit hat er Ihnen Gutes für Ihr Leben mitgegeben. Sie konnten mit jedem Anliegen zu ihm kommen. So hat er zum Beispiel – so haben Sie es mir erzählt – mitgeholfen, dass jeder von Ihnen zu seinem Haus kam. In die Schule durfte jedes von Ihnen gehen, solange es das wollte; nur – und darin zeigt sich wieder die Konsequenz Ihres Vaters – etwas lernen mussten Sie dort.

Mit der gleichen Entschiedenheit, die ihm eigen war, hat *N. N.* auch seinen Glauben gelebt. Ich werde nie den Anblick vergessen, wie er voriges Jahr am Karfreitag bei der Kreuzverehrung als einer der Letzten an die Altarstufe getreten ist – langsam, mit sichtbarer Mühe, auf seinen Stock gestützt – und vor dem Kreuz eine Kniebeuge gemacht hat, so tief hinunter, wie es irgendwie ging. Dieses persönliche Zeichen der Ehrerbietung seinem Erlöser gegenüber hat er sich nicht nehmen lassen – auch von seiner Krankheit nicht. Ein echtes und wahrhaftiges Glaubenszeugnis war das für mich, ein Ausdruck seiner tiefen Liebe zum Gekreuzigten.

Der Sohn Gottes nimmt am Kreuz Leiden und Sterben auf sich, bis alles vollbracht ist; er hat sich ganz für uns hingegeben, damit wir das Leben haben. Dieses Geschehen zeigt, wie klar und eindeutig Gottes Ja zu uns Menschen ist; ein Ja, das nicht mit unserem Tod endet. „Um den Knecht zu erlösen, gabst du den Sohn dahin“, heißt es dazu im Exsultet der Osternacht.

Auf dieses Heilsangebot Gottes hat unser Verstorbener gläubig geantwortet. Er hat seine Kirche geliebt; er hat ganz eng mit ihr gelebt. Die Mitfeier der Gottesdienste, nicht nur am Sonntag, sondern so oft als möglich auch werktags, hat ganz fest und selbstverständlich zu seinem Lebensprogramm gehört. Über Gott und über Christus hat er nichts kommen lassen. Und erst recht nicht über die Gottesmutter.

Dieser Glaube hat Ihren Vater immer wieder auf Wallfahrten geführt. Siebenmal war er mit Pfarrer *N. N.* in Rom, dazu in Lourdes und Fatima. Und das waren für ihn keine Urlaubstouren, sondern echte Pilgerreisen. Zum Beten ist er an diese heiligen Stätten gefahren. Dem Gebet hat er auch im Alltag viel Aufmerksamkeit und Zeit gewidmet. Als eine Gruppe Firmlinge heuer zu Besuch im Seniorenheim war und dabei auch zu ihm aufs Zimmer kam, da hat er ihnen erzählt, wie ihm das Gebet immer wieder – gerade auch in schweren Zeiten – geholfen und ihn durchgetragen hat, und die Firmlinge dazu ermuntert, ja das Beten nicht zu vergessen. Er selber hat es nie unterlassen. Dieses Zeugnis eines Mannes am Ende seines Lebens hat die Jugendlichen sichtlich nachdenklich gemacht.

Für seine Kirche hat sich unser Verstorbener auch nach außen hin engagiert. 22 Jahre lang hat *N. N.* dem *N*.er Pfarrgemeinderat angehört. Er hat damit Verantwortung für unsere Pfarrei übernommen und das pfarrliche Leben mitgestaltet. Und auch im Verborgenen hat er so manches für unsere Pfarrkirche übrig gehabt. So hat er beispielsweise über viele Jahre die Osterkerze gestiftet; auch die, die heute bei seinem Requiem brennt.

Kreuz und Osterkerze stehen heute vor dem Altar, die Zeichen für das Erlöserleiden Jesu und für seine Auferstehung. Darauf schauen wir heute. Denn nicht auf eigene Leistung und eigene Verdienste gründet sich unsere Hoffnung angesichts des Todes – auch nicht bei einem so konsequent und gläubig geführten Leben wie dem Ihres Ehemanns und Vaters. Wir wissen, dass wir alle der Erlösung bedürftig sind, dass wir trotz unseres Glaubens allemal Sünder bleiben. Wir setzen unsere Hoffnung ganz auf die Gnade Gottes, wie es der Apostel Petrus schreibt.

Kreuz und Osterkerze hatten im Leben Ihres Ehemanns und Vaters, Ihres Schwiegervaters und Opas ihren festen Platz. Das, wofür sie stehen, das war seine „lebendige Hoffnung"; die Hoffnung auf ein unzerstörbares, makelloses und unvergängliches Erbe, das im Himmel für uns aufbewahrt ist, wie es im Ersten Petrusbrief heißt. Kreuz und Osterkerze – das sind heute auch unsere Hoffnung; die Hoffnung, dass unser verstorbener Bruder im Glauben nun, nach einem langen und erfüllten irdischen Leben von 86 Jahren, dieses Ziel seines Glaubens erreicht hat: das ewige Heil.

Vom Kreuz herab, so haben wir es eben im Evangelium gehört, hat Jesus den Jünger und seine Mutter Maria einander anvertraut; und in diesem einen Jünger sind alle Jünger Jesu – also auch wir – mit gemeint. So ist Maria – in diesem geistlichen Sinn – auch unsere Mutter geworden. *N. N.* hat das im Herzen verstanden. Er war ein großer Marienverehrer. Mehr als 40 Jahre lang hat er der Marianischen Männerkongregation angehört. Irgendwie bezeichnend, dass er nun genau an einem Mariengedenktag gestorben ist: am 8. September, dem Fest „Mariä Geburt". „Maria hilft immer", so hat er oft und oft gesagt. Das war die Erfahrung seines intensiven Gebetslebens, zu dem vor allem der Rosenkranz gehört hat. Und so dürfen wir ihm heute die Worte aus einem Mariengebet in den Mund legen, das er selbst wohl oft gebetet hat, und darauf vertrauen, dass dieses Gebetswort an ihm seine Wahrheit erweisen wird:

„Jungfrau, Mutter Gottes mein, lass mich ganz dein eigen sein.
Dein im Leben, dein im Tod, dein in Unglück, Angst und Not,
dein in Kreuz und bitt'rem Leid, dein für Zeit und Ewigkeit …
Ich ruf voll Vertrauen in Leiden und Tod:
Maria hilft immer, in jeglicher Not.
So glaub' ich und lebe und sterbe darauf:
Maria hilft mir in den Himmel hinauf."

Gerecht vor Gott?

Ordnung und Gerechtigkeit spielten im Leben des 84-jährigen Amtmanns am Notariat beruflich und privat eine große Rolle. Doch war er beileibe kein staubtrockener Aktenfresser, sondern war erfüllt von bayrisch-barocker Lebensfreude, die die schönen Dinge des Lebens zu genießen weiß. Durch seine Heirat kamen zu seiner Arbeit im Notariat ein Lebensmittelgeschäft und eine Gaststätte dazu, wo er mit Leidenschaft Wirt war. Sein Leben lässt religiöse Wegmarken erkennen, auch wenn sein Glaubensleben nach außen hin wenig sichtbare Präsenz erlangt hat. Am deutlichsten zeigte sich sein christlicher Glaube in der praktizierten Nächstenliebe. Der Verstorbene hat gern und viel Gutes getan.

Lesung: Röm 3,21–28
Evangelium: Mt 5,17–20

Was wir vorhin in der Lesung aus dem Römerbrief gehört haben, das war für Martin Luther *die* Erkenntnis seines Lebens: Der Mensch wird gerecht durch Glauben, unabhängig von Werken des Gesetzes. Als „Hauptstück der ganzen Heiligen Schrift" hat er diesen Satz aus der Bibel bezeichnet. Er ist so etwas wie die reformatorische Grundeinsicht geworden. Aber dieser Satz gilt natürlich genauso für uns Katholiken. Wir haben ja dieselbe Heilige Schrift. Hinter diesem Satz steht die wichtige Frage: Wie mache ich es Gott recht? Was muss ich tun, damit ich vor Gott recht dastehe? So fragen wir auch und vor allem am Ende eines Menschenlebens. Kann ich mich mit meinem Leben vor Gott sehen lassen? Wird mein Werk in seinen Augen Bestand haben? Habe ich es vor ihm recht gemacht?

Recht und Gerechtigkeit haben im Leben von *N. N.* eine wichtige Rolle gespielt. Nach seiner Schulzeit in *N.* ist er zum Notar *N. N.* gekommen, mit dem er später nach *N.* gegangen ist. Dort hat er die Inspektorenprüfung abgelegt und im *N.*er Notariat bis zu seinem 60. Lebensjahr als Amtmann gearbeitet. Verträge und Beurkundungen, das war seine tägliche Arbeit. Und die hat er sehr genau genommen. Im

Notariat hat Ihr Ehemann und Vater das juristisch exakte Arbeiten gelernt. Und das hat ihn auch privat geprägt. Auch zuhause hatte bei *N. N.* alles seinen bestimmten Platz und seine Ordnung. Er hat ein durch und durch solides, ordentliches Leben geführt. Allerdings ohne, dass er dabei – bei aller Bestimmtheit, die ihm eigen war – pedantisch oder rechthaberisch gewesen wäre. Zur rechten Zeit konnte er auch großzügig etwas nachsehen und gewähren lassen.

N. N. war kein engherziger, staubtrockener Paragrafenreiter; er verstand es, zu leben und auch leben zu lassen. Er war ein Genussmensch, der sehr gern gelebt hat. Von dieser bayerisch-barocken Lebensfreude spricht auch seine Mitgliedschaft bei den Weiß-blau-Königstreuen, wo er jahrelang Kassier gewesen ist, die zwar einen König nicht wirklich brauchen, aber die monarchische Tradition gerne pflegen, denn: „Schee waar's scho!"[1] In diesem „leben und leben lassen", das unserem Verstorbenen eigen war, spiegelt sich etwas wider von der Langmut, mit der auch Gott uns Menschen entgegentritt. Und deshalb dürfen wir zuversichtlich sein, dass Gott Ihren Ehemann und Vater zulassen wird zum ewigen Festmahl im Himmel, das der Prophet Jesaja beschreibt als ein Mahl mit feinsten Speisen und besten, erlesenen Weinen.

Durch die Heirat mit Ihnen, seiner Frau, vor 56 Jahren kamen für *N. N.* zur Arbeit im Notariat noch das Lebensmittelgeschäft und das Gasthaus in *N.* als Aufgaben dazu. 25 Jahre lang haben Sie das Wirtshaus „Anker" geführt, und Ihr Mann war dort mit Liebe Wirt gewesen. Während der Mittagspause im Notariat hat er in der Wirtschaft bedient. Daneben wurde auch noch das eigene Haus gebaut. Unser Verstorbener war ein großes Organisationstalent. Er hat in seinem Leben wirklich vieles geschaffen; ein reichhaltiges Lebenswerk, auf das er mit Zufriedenheit und Stolz zurückblicken darf.

Doch es bleibt die wichtige Frage am Ende eines Lebens: Wird ein Mensch vor Gott gerecht durch Werke? Das war das Konzept der Schriftgelehrten und Pharisäer zur Zeit Jesu: Wenn ich es Gott und den Menschen in allem recht mache, dann wird Gott mir den ewigen Lohn geben müssen, dann kann ich mir den Himmel sozusagen erarbeiten. Gegen dieses Konzept bezieht Jesus im Evangelium klar Stellung: „Wenn eure Gerechtigkeit nicht weit größer ist als die der Schrift-

---

1 Hochdeutsch: „Schön wäre es schon."

gelehrten und Pharisäer, werdet ihr nicht in das Himmelreich kommen." Sich vor Gott Gerechtigkeit durch eigene Werke erarbeiten zu wollen, das werden wir nie schaffen, weil unser Tun immer durchsetzt ist von unserer menschlichen Schwachheit, von dem, was wir Gott und einander schuldig bleiben. Da können wir auch unseren Verstorbenen nicht ausnehmen.

Deshalb sind wir auf eine größere Gerechtigkeit angewiesen. „Wenn eure Gerechtigkeit nicht weit größer ist als die der Schriftgelehrten und Pharisäer ...", sagt Jesus im Evangelium. Diese größere Gerechtigkeit, auf die wir unsere Hoffnung stützen dürfen, das ist die Gerechtigkeit Gottes. Und die ist eine Gnadengerechtigkeit. Das heißt: Gott beurteilt uns nicht nur nach den Buchstaben des Gesetzes, er schaut uns an mit dem barmherzigen Blick der Liebe. Für uns Menschen ist es schwer, Gerechtigkeit und Barmherzigkeit zusammenzudenken. Wir erleben sie eher als Gegensätze.

Nicht so bei Gott. In seiner großen Barmherzigkeit hat Gott uns gerecht gemacht durch die Erlösung in Jesus Christus. Nicht auf unsere Werke, die wir vorweisen können, gründet sich unsere Hoffnung, sondern auf die Barmherzigkeit Gottes. Er macht uns gerecht. Als Erlöste sind wir gerecht gemacht aus Gnade. Als von Christus Erlöste ist uns zugesagt, dass wir Gott recht sind. Wir müssen uns das nicht erst mühsam erarbeiten, es ist uns geschenkt – gratis, aus Gnade. Diese Erlösung, die Christus uns erwirkt hat, gläubig anzunehmen, das ist es, worauf es ankommt, was uns vor Gott recht macht.

Und das hat Ihr Ehemann, Ihr Vater und Schwiegervater getan. Sein Glaube, so scheint mir, gleicht in gewisser Hinsicht der Landschaft in Südtirol, die ihm so ans Herz gewachsen war: wo er im Krieg von einem Bauern versteckt worden war, von wo aus er sich zu Fuß nach Hause durchgeschlagen hat und wohin er oft und gerne im Urlaub zurückgekehrt ist. Die Landschaft dort ist durchsetzt von Gipfelkreuzen, Kapellen, Kirchen und Marterln am Wegrand. Der christliche Glaube hat diesen Landstrich geprägt. Und so ähnlich war auch der Glaube im Leben unseres Verstorbenen. Er mag nicht diese nach außen hin sichtbare, tägliche Präsenz erlangt haben, aber da waren auf seinem Lebensweg immer wieder diese religiösen Wegmarken, die von seinem Glauben sprechen: seine Wallfahrten zum Bogenberg, die Mitfeier des Gottesdienstes an den Feiertagen, das Kreuz, das er bewusst vor seinem Haus aufgestellt und geschmückt hat.

Und wohl in besonderer Weise sein Verhalten den Mitmenschen gegenüber, das sehr stark geprägt war vom christlichen Gebot der Nächstenliebe. Da war unser Verstorbener sehr großherzig. *N. N.* war wirklich ein edler und guter Mensch. Er hat anderen gerne Gutes getan; mit einem offenen Herzen und offenen Händen für viele: ob das in der Familie war – für Sie, seine Frau, und seinen Sohn –, ob als Mitglied oder Förderer der Ortsvereine, für die „Stille Hilfe Südtirol", für die Pfarrei oder vielfach auch für einzelne Bedürftige. Der christliche Glaube mit seinem Ethos der Liebe zum Nächsten, gerade zum Schwachen und Bedürftigen, der hat das Leben von *N. N.* von innen heraus geprägt, ihm Gestalt verliehen.

So dürfen wir zuversichtlich sein, dass Gott ihm diesen Glauben als Gerechtigkeit anrechnen wird, ihn aufnehmen wird in das Himmelreich. So wie es Jesus im Evangelium versprochen hat: Wer die Gebote Gottes „hält und halten lehrt, der wird groß sein im Himmelreich".

Werkzeug Gottes

Der Beruf des Schmieds hat das Leben des Verstorbenen geprägt. Trotz großen beruflichen Geschicks und unternehmerischen Talents ist er immer bodenständig geblieben. Wie in seiner Familie war er auch im Betrieb mehr Hausvater als Chef. Zuverlässigkeit, Ruhe und Genauigkeit kennzeichneten sein Wesen. Er war ein ehrbarer Handwerker. Ein praktizierter christlicher Glaube, insbesondere seine Marienfrömmigkeit, hat dem Leben des 75-Jährigen Form verliehen.

Lesung: Mi 6,6–8
Evangelium: Mt 20,1–16a

Auch wenn das Rad der Zeit sich inzwischen weitergedreht hat und die Öffentlichkeit längst wieder um andere Themen kreist, gottesdienstlich stehen wir immer noch in der Weihnachtszeit, betrachten wir noch immer das Wunder der Menschwerdung Gottes. Mit der Geburt Jesu in Betlehem hat das Reich Gottes in dieser Welt begonnen, das Himmelreich, die neue Wirklichkeit Gottes. Weil die nur schwer in Begriffe und Definitionen zu fassen ist, hat Jesus stets in Gleichnissen vom Himmelreich gesprochen. Eines haben wir eben als Evangelium gehört: das Gleichnis von den Arbeitern im Weinberg.

Damit sich das Reich Gottes auf der Erde ausbreiten kann, so will Jesus mit dieser Erzählung sagen, braucht es Mitarbeiter. Gott wirbt darum Arbeiter für seinen Weinberg an: Menschen, die durch ihre Arbeit, die durch ihre Art zu leben mithelfen, dass Gottes Reich unter den Menschen wächst. Unaufhörlich wirbt Gott dafür Arbeiter an. Manche sind von der ersten Stunde an mit dabei, andere stoßen später hinzu, die letzten kommen erst ganz zum Schluss dazu.

Wenn wir auf das Leben von *N. N.* schauen, dann dürfen wir ihn ganz sicher zu den Arbeitern der ersten Stunde rechnen. Er hat sein Leben lang die volle Arbeitslast getragen, von der ersten bis zur letzten Stunde.

Als ältestes Kind ist er 1934 in der kleinen Landwirtschaft und Schmiede seiner Eltern in der *N.*-Straße zur Welt gekommen. Es war eine schwierige und arme Zeit, in der er aufgewachsen ist: der Vater viele Jahre im Krieg; eine wirkliche Kindheit und Jugend gab es da nicht. Die Talente zu fördern, die sichtbar in ihm gesteckt haben – durch eine höhere Schule oder ein Studium –, das war nicht drin. Sein Laufstall, so haben Sie mir erzählt, war ein steinerner Trog in der Schmiedewerkstatt. Dort hat der junge *N.* schon sehr bald mit kleinen Hilfsarbeiten mithelfen müssen: den Blasebalg für das Schmiedefeuer treten oder Werkstücke halten, die der Vater – ohne die heute üblichen Maschinen – bearbeitet hat.

So hat er nach seiner Schulzeit bei seinem Vater selbst das Schmiedehandwerk gelernt. Nach Gesellenjahren in Oberbayern, woher seine lebenslange Liebe zum Gebirge rührte, und der Meisterprüfung 1960 hat er schließlich den väterlichen Betrieb übernommen.

In den Jahrzehnten seines Berufslebens hat Ihr Ehemann und Vater, Ihr Bruder und Schwager die ganze Entwicklung im Metallhandwerk mitgemacht, sich mit seinem Betrieb immer wieder den geänderten Gegebenheiten und Bedürfnissen angepasst, sich neue Produktionsmethoden autodidaktisch angeeignet. Auch nach der Geschäftsübergabe an seine Tochter *N.* und seinen Schwiegersohn *N.* hat er weiter in der Werkstatt mitgearbeitet. Das war bei der Übergabe seine wichtigste Frage: ob er denn dann noch in die Werkstatt darf. Selbst in den letzten Wochen seiner Krankheit war *N. N.* in Gedanken immer mit irgendeinem Werkstück aus Metall beschäftigt, wie man seinen Äußerungen oder Fragen entnehmen konnte. So sehr hatte der Beruf des Schmieds sein Leben geprägt.

Und auch auf seinen Lebensstil und seinen Charakter hat sein Beruf wohl abgefärbt. Ihr Ehemann und Vater, Ihr Schwiegervater und Opa hat sein Leben lang mit stetem Hammerschlag das Eisen geformt, ein stabiles Material, das sich nicht so leicht verbiegen lässt. Genau so war *N. N.* auch als Mensch. Er hat sich im Leben nicht verbiegen lassen. Er war nicht nur körperlich, sondern auch charakterstark. Stabile, zuverlässige Beziehungen waren ihm wichtig.

Allem voran in der Familie, wo er viel für ein gutes Auskommen mit Frau, mit Kindern und Enkelkindern getan hat. Auch die beiden großen Töchter *N.* und *N.*, die seine Frau als Witwe mit in die Ehe gebracht hat, hat er stets wie ein leiblicher Vater behandelt und geliebt. Das Familienleben hatte für ihn oberste Priorität, das ging ihm vor unternehmerische Expansion in seinem Betrieb, die bei seinem Talent und seinem Können durchaus möglich gewesen wäre. Ihm war dennoch ein überschaubarer Familienbetrieb lieber, wo noch Zeit für ein Miteinander bleibt.

Verlässlichkeit hat auch das Verhältnis zu seinen Mitarbeitern bestimmt, die allesamt – auch nach ihrem Ausscheiden aus dem Betrieb – immer wieder gerne zu ihrem alten Chef zurückgekommen sind, und ebenso den Umgang mit seinen Kunden. *N. N.* war ein ehrbarer Handwerker, dem es nicht um den schnellen Gewinn zu tun war, sondern der saubere Arbeit abliefern und seine Kunden zufriedenstellen wollte, sodass sie gerne wiederkamen.

Das Stetige, so wie der Schmiedehammer immer wieder auf den Amboss fällt, das Zuverlässige, in Ruhe und mit Genauigkeit getan, das bedachtsam Planende, das zeichnet den Charakter unseres Verstorbenen aus. Dieser Wesenszug spiegelt sich vielleicht auch in seinem trockenen Humor wider. Ihr Ehemann und Vater hat meist nicht viele Worte gemacht; mit einem markanten Satz war oft alles treffend, doch nie verletzend, gesagt. Mit dieser Art war er auch in Geselligkeit geschätzt: als Gründungsmitglied bei den Eisstockschützen, bei der Freiwilligen Feuerwehr und beim Bayerwaldverein oder einfach, wenn die Bauern der Umgebung in seiner Werkstatt zum Ratsch zusammengekommen sind.

Ähnlich kurz und knapp, wie es seine Art war, bringt die Lesung aus dem Buch Micha auf den Punkt, wie ein Leben auszusehen hat, das vor Gott bestehen kann: „Es ist dir gesagt worden, Mensch, was gut ist und was der Herr von dir erwartet …: Recht tun, Güte und Treue lieben, in Ehrfurcht den Weg gehen mit deinem Gott." Wenige Worte nur, aber doch ein ganzes Lebensprogramm. Alles das, was der Prophet Micha hier nennt, entdecke ich im Leben unseres verstorbenen Bruders wieder.

In Rechtschaffenheit gegenüber seinen Mitmenschen leben und in Ehrfurcht seinen Weg gehen mit Gott, wie es Micha formuliert, das hat unser Verstorbener zeit seines Lebens getan. Das Weihwassernehmen am Morgen und am Abend im Gedenken an die eigene Taufe, das war ihm genauso selbstverständlich wie die Mitfeier der Sonntagsmesse. Hier in unserer Kirche hat er seinen festen Platz gehabt. Dass er als Handwerker am Bau der neuen Pfarrkirche mitwirken durfte, darauf war er stolz. Und auch im übertragenen Sinn hat er mitgebaut an der Kirche Gottes: durch sein Mittun und Mitsorgen im kirchlichen Leben. Wenn er als Schmied ein Kupferdach für ein Wegkreuz anzufertigen hatte, so haben Sie berichtet, dann galt bei ihm die Regel: Wenn das Kreuz nachher geweiht wird, dann kostet das nichts. Dann war das seine Gabe zur Ehre Gottes.

Zudem war *N. N.* ein großer Marienverehrer. Viele Male ist er mit der *N.*er Fußwallfahrt nach Altötting gepilgert. Oft und oft ist er auf den Bogenberg gefahren, um dort eine Kerze anzünden zum Dank oder zur Bitte in einem Anliegen. „Die Muttergottes wird mir schon helfen", mit diesem Satz, den er gern gesagt hat, hat er seinen Glauben ausgesprochen, hat er Zeugnis gegeben von seinem Vertrauen auf die Gnade des Himmels. So wie er als Schmied das Eisen geformt hat, so hat der Glaube seinem Leben Form verliehen.

In treuer Pflichterfüllung und Rechtschaffenheit das Seine tun, mit Güte und Liebe gegenüber dem Mitmenschen, in Ehrfurcht vor Gott, an seinem Platz und mit seinen Fähigkeiten für die Sache Gottes eintreten, und das ohne viel Aufhebens, ganz einfach durch das eigene Handeln – so wie das der Prophet Micha beschreibt: So sieht männliche Frömmigkeit aus. So hat unser Verstorbener seinen Glauben gelebt. Durch die Art und Weise, wie er seine Arbeit getan hat und wie er sie mit dem Glauben an Gott verbunden hat, ist sie zur Mitarbeit am Reich Gottes geworden, zur Arbeit im Weinberg des Herrn, wozu Gott den Menschen berufen hat.

In der Sakristei unserer Klosterkirche in Windberg bietet das Deckengemälde eine schöne Interpretation des biblischen Gleichnisses von den Arbeitern im Weinberg. Am Ende des Arbeitstages erhalten dort alle Arbeiter als den versprochenen einen Denar die Eucharistie gereicht, als Angeld für den Himmel. Die Kommunion, also die Gemeinschaft mit Christus, das ist ihr Lohn für ihr Mitbauen am Reich Gottes. Gemeinschaft zu haben mit Christus, in Übereinstimmung mit ihm zu sein, das ist die Freude und der Lohn derer, die sich mit ihrem Leben einsetzen für das Wachstum des Himmelreiches – ihr Lohn schon in dieser Welt. Ich denke, das hat unser Verstorbener im Empfang der heiligen Eucharistie immer wieder selbst so erfahren.

Und das macht uns heute zuversichtlich – bei aller menschlichen Schwachheit, die es sicher auch im Leben unseres Verstorbenen gegeben hat –, dass Gott ihm nun, da er das Werkzeug seines irdischen Lebens aus der Hand gelegt hat, dass Gott ihm nun den verheißenen Lohn geben wird: die ewige, unverlierbare Gemeinschaft mit Christus im Himmel. Denn wenn Gott im Gleichnis von den Arbeitern im Weinberg sogar den Arbeitern der letzten Stunde aus Barmherzigkeit gibt, was sie zum Leben brauchen, um wie viel mehr wird er dann denen den versprochenen Lohn geben, die ihr ganzes Leben lang in seinem Dienst gestanden haben.

Besonnen und nüchtern

Durch einen schnellen Herztod wurde der 72-jährige pensionierte Kriminalbeamte unvermittelt aus einem auch im Ruhestand noch sehr aktiven Leben gerissen. Logisches Denken und ein messerscharfer analytischer Verstand waren seine besondere Gabe, die er in seinem Beruf zum Wohle anderer eingesetzt hat. Religiös war der Verstorbene ein Skeptiker. Auch wenn er kein kirchliches Leben praktiziert hat, ist er dennoch ganz bewusst in der Kirche geblieben.

Lesung: 1 Petr 4,7–11
Evangelium: Joh 20,24–29

„Das Ende aller Dinge ist nahe", so beginnt unsere Lesung aus dem Ersten Petrusbrief. Die ersten Jüngergenerationen nach Jesu Tod und Auferstehung waren der Ansicht, dass es nur eine kurze Frist dauern würde bis zur Wiederkunft Christi und dem damit verbundenen Ende der Welt. Diese Meinung hat sich nicht bewahrheitet. Ist die Aussage unserer Lesung damit also falsch? Hinsichtlich der Welt als ganzer mögen sich die biblischen Autoren getäuscht haben; wie sehr ihr Wort jedoch im Blick auf unser persönliches Leben stimmt, das haben Sie, liebe Familie *N.*, am vergangenen Samstag auf ganz schmerzliche Weise erleben müssen. Ganz plötzlich und unvermutet war für Ihren Ehemann und Vater das Ende aller Dinge gekommen. Niemand hätte vermutet, dass das Ende für ihn so nahe bevorsteht.

Ohne dass er zuvor erkennbar krank gewesen wäre, ist er innerhalb weniger Stunden an Kreislaufversagen gestorben. Am Tag davor haben Sie, Frau *N.*, mit Ihrem Mann noch einen ausgedehnten Spaziergang gemacht. Am Abend war er guter Dinge beim Stammtisch zum Kartenspielen drüben im Wirtshaus. Hier in *N.*, wo Sie sich nach dem aktiven Polizeidienst Ihres Mannes niedergelassen haben, hat er sich sehr wohl gefühlt und war sozial gut eingebettet. In seinem Haus mit Swimmingpool, mit Freunden, die er sich gern eingeladen hat, mit der Teilnahme am Vereinsleben beim Schützenverein „*N. N.*" und bei der

Freiwilligen Feuerwehr *N.* sowie mit alten Kontakten zur Gewerkschaft der Polizei und über die International Police Association. So hat *N. N.* seinen Ruhestand genossen.

Auch als Pensionist war er immer intensiv am Leben dran, hat sich für andere Menschen interessiert, war stets auf dem Laufenden, was technische Entwicklungen anbelangt – etwa auf dem Gebiet der Telekommunikation und Datenverarbeitung –, und hat diese Möglichkeiten auch selbst intensiv genutzt. Mit seinen 72 Jahren ist *N. N.* mitten aus einem sehr aktiven Leben gerissen worden. Ganz unvermittelt war für ihn am Samstag das Ende aller irdischen Dinge da.

Um bereit zu sein für das Ende, legt der Schreiber des Ersten Petrusbriefs seinen Lesern mehrere Ratschläge ans Herz: „Seid besonnen und nüchtern, und betet! Haltet fest an der Liebe zueinander. Dient einander als gute Verwalter der vielfältigen Gnade Gottes, jeder mit der Gabe, die er empfangen hat." Ich denke, vieles davon finden wir im Leben unseres Verstorbenen wieder. Er war ein nüchterner und realistischer Mensch, sehr zielorientiert und bestimmt, ausgestattet mit einem messerscharfen Verstand und stringenter Logik, der sehr gut argumentieren konnte, sodass man nur schwer dagegen ankommen konnte, mit klaren Vorstellungen, die er auch durchzusetzen gewusst hat. Alles das konnte er für seinen Beruf gut brauchen, und umgekehrt hat der wohl auch sein Wesen mit geprägt.

Mit dem Abschluss seiner Schulzeit in *N.* ist *N. N.* in den Polizeidienst eingetreten. Nach der Zeit bei der Bereitschaftspolizei ist er nach *N.* gekommen: zuerst zur Stadtpolizei, ab Mitte der 60er Jahre dann zur Kriminalpolizei, wo er im Wirtschaftsdezernat tätig war und im Lauf der Jahre zum Chef der Kripo aufgestiegen ist. Als Kriminalhauptkommissar ist er 1997 aus dem aktiven Polizeidienst ausgeschieden. In seinem Dienst und auch im privaten Bereich hat unser Verstorbener ein ordentliches Leben geführt, wie es der Apostel in der Lesung anmahnt.

Sein klarer, analytischer Verstand, das war – wie es unsere Lesung formuliert – seine besondere Gabe, die *N. N.* von Gott empfangen hatte. Und die hat er eingesetzt zum Wohle anderer: damit Menschen, die Opfer geworden waren, zu ihrem Recht gekommen sind; damit es in dieser Welt ein Stück gerechter zugeht; damit das Böse nicht die Oberhand behält. Damit ist er ganz auf der Linie Gottes gelegen, der Gerechtigkeit will, gerade für die Schwachen und Unterdrückten.

Und auch die dritte Aufforderung unserer Lesung – „Haltet fest an der Liebe zueinander" – finden wir im Leben Ihres verstorbenen Ehemanns, Ihres Vaters, Schwiegervaters und Opas wieder: in der 48 Jahre lang treu durchgehaltenen Ehe, im Dasein für seine beiden Kinder *N.* und *N.*, in der Freude über seine vier Enkelkinder und dem Interesse, mit dem er ihr Großwerden verfolgt hat, aber auch ganz allgemein mit seiner freundlichen Art, mit der *N. N.* seinen Mitmenschen begegnet ist.

Vieles von dem, was uns die Heilige Schrift ans Herz legt, damit uns das Ende der Dinge nicht böse überrascht, können wir also im Leben unseres verstorbenen Bruders wiederfinden. So dürfen wir darauf hoffen, dass ihn der Tod, so plötzlich er auch gekommen ist, doch nicht gänzlich unvorbereitet angetroffen hat; dass er durch sein Leben dennoch dafür bereitet gewesen ist.

Einen Ratschlag nennt unsere Lesung aber noch, von dem ich nicht recht zu sagen weiß, welchen Stellenwert er im Leben Ihres Vaters wirklich eingenommen hat: „Seid besonnen und nüchtern, *und betet*!", so heißt es in der Lesung. Ob oder wie sehr *N. N.* persönlich gebetet hat, im Herzen die Verbindung mit Gott gepflegt hat, diese Frage kann nur Gott selbst beantworten. Nur er sieht dem Menschen wirklich ins Herz. Nach außen hin sichtbar geworden, in einer gottesdienstlichen Praxis, in einem aktiven kirchlichen Leben, ist das bei unserem Verstorbenen nicht. Dennoch war es seine bewusste Entscheidung, in der Kirche zu bleiben, in die er hineingetauft worden ist. Dazu hat *N. N.* überzeugt gestanden, wenn andere das kritisch angefragt haben. Als Werte gebende und Normen begründende Institution war ihm die Kirche offensichtlich dennoch wichtig. Und darum wollte er auch, dass seine Kinder und Enkel getauft und gefirmt werden.

Ich könnte mir vorstellen, dass sich Ihr Ehemann und Vater in manchem als seelenverwandt mit dem Apostel Thomas aus unserem heutigen Evangelium gesehen hat, den wir so leichthin als den „Zweifler" titulieren, der aber in Wahrheit wohl mehr ein Suchender in Sachen Glauben war. Unser Verstorbener mit seinem realistischen Verstand hat in seinem Beruf gelernt und praktiziert, nicht gleich alles für wahr zu halten, was man ihm erzählt, nur das zu glauben, was sich auch beweisen lässt. Darin ist er dem Apostel Thomas ganz nahe, der seinen Mitaposteln, als sie ihm erzählen, sie seien dem auferstandenen Jesus begegnet, antwortet: „Wenn ich nicht die Male der Nägel an seinen

Händen sehe und wenn ich meinen Finger nicht in die Male der Nägel und meine Hand nicht in seine Seite lege, glaube ich nicht."

Widerspricht der Glaube an die Auferstehung solch nüchternem, realistischem Denken eines Thomas, wie es *N. N.* zueigen war? Ist die Botschaft von der Auferstehung bloß eine märchenhafte Erfindung der Jünger Jesu, weil es halt zu schön wäre, wenn mit unserem Tod nicht alles aus wäre? Die Zeugen der Osterbotschaft, so wie sie uns die Heilige Schrift vorstellt, werden nicht müde zu betonen, dass sie den Gedanken an Auferstehung und ewiges Leben nicht aus sich selbst haben. Sie konnten es ja zunächst selbst nicht glauben. Aber Gott, so bezeugen sie, hat uns gezeigt, dass Christus auferstanden ist und lebt. Und darum dürfen wir das auch für uns selbst erwarten, wenn wir auf ihn unsere Hoffnung setzen.

Blaise Pascal, ein französischer Mathematiker, Naturwissenschaftler und Philosoph des 17. Jahrhunderts und somit ein unverfänglicher Zeuge, was logisches Denken anbelangt, hat deshalb im Hinblick auf Glauben und religiöses Leben in seiner berühmten Schrift „Les Pensées" folgende bemerkenswerte Wette als Gedankenexperiment vorgelegt: Selbst wenn man die Existenz Gottes und damit eines Lebens nach dem Tod nicht mit der menschlichen Vernunft beweisen kann, argumentiert Pascal, so ist es doch vorteilhaft, darauf zu wetten, dass Gott existiert. Falls man sich irrt, hat man nichts verloren, aber falls man recht behält, kann man dadurch das Heil seiner Seele gewährleisten.

Im Apostel Thomas stellt uns die Heilige Schrift so einen nüchtern überlegenden Menschen im Horizont der Gottesfrage vor Augen, wie auch unser Verstorbener wohl einer gewesen ist. Thomas war nicht dabei, als die Jünger am ersten Tag der Woche versammelt waren und ihnen Jesus dabei als der Auferstandene erschienen ist. In diesen Hinweisen spiegelt sich wohl bereits die sonntägliche Versammlung der jungen Kirche zum Gottesdienst wider. Thomas hat daran nicht teilgenommen, er hatte sich nach der Erfahrung von Kreuz und Grab Jesu wohl etwas entfernt vom Kern des Jüngerkreises. Er will auch nicht einfach glauben, was andere ihm sagen. Sein Glaube soll sich nicht nur aufs Hörensagen gründen. Wenn, dann will er sich selbst vergewissern, dass die Botschaft von der Auferstehung wahr ist.

Interessant ist: Jesus tadelt Thomas nicht für diese Einstellung, er nimmt ihn ernst mit seinen kritischen Anfragen. Die Heilige Schrift macht in der Gestalt des Thomas zweierlei deutlich. Erstens: Nüchterne, realistische Vernunft und der Glaube an die Auferstehung widersprechen sich nicht. Und zum Zweiten: Auch diese thomashafte, suchende Ausprägung von Glauben hat ihren Platz und ihre Berechtigung vor Gott. Jesus lässt sich darauf ein und am Ende überrascht er Thomas, indem er sich ihm persönlich als Auferstandener zeigt. Solchermaßen überwältigt, kann Thomas nur mehr bekennen: „Mein Herr und mein Gott!" und sich Christus in die Arme werfen.

Das dürfen wir auch für unseren Verstorbenen hoffen: dass Christus bei seinem plötzlichen Tod, als für Ihren Ehemann, Ihren Vater und Opa das Ende aller Dinge gekommen war, dass Christus ihm da entgegengekommen ist und sich ihm zu erkennen gegeben hat, dass er lebt. Und dass da auch für ihn mit einem Mal alle Zweifel und Vorbehalte wie weggewischt waren und er sich wie Thomas Christus in die Arme hat fallen lassen mit dem Bekenntnis: „Mein Herr und mein Gott!" Und dass Christus ihn mitgenommen hat, hinein in seine Fülle des ewigen Lebens.

Ansprachen bei besonders tragischen Sterbefällen

Er wollte doch nur spielen

An den ersten warmen Frühlingstagen ertrank der 16-monatige zweite Sohn einer Familie beim Spielen an einem kleinen Tümpel auf dem Bauernhof seiner Eltern. Unausgesprochen steht zwischen den Ehepartnern der Vorwurf im Raum, wer besser hätte aufpassen müssen, um das Unglück zu verhindern.

Lesung: Klgl 3,17–26
Evangelium: Joh 11,17–27.32–44

Es war am vergangenen Donnerstag, einem der ersten sonnigen, warmen Frühlingstage nach einem langen Winter. Die Natur draußen war gerade frisch aufgeblüht: das junge Grün der Wiesen, dazwischen die bunten Farbtupfer der ersten Frühlingsblumen. Über allem wölbte sich ein heiterer, blauer Himmel, die warme Mittagssonne spiegelte sich im Wasser. Ihr *N.* wollte nur spielen, draußen in der Sonne, am Wasser. Es von einem Becher in den anderen rinnen sehen, es plätschern hören, es sich über die Hand laufen lassen und das frische Wasser auf der Haut spüren. Einfach Lebensfreude auskosten. Wer wollte das seinem Kind an einem solch herrlichen Frühlingstag verdenken, es ihm gar verbieten?! Sie als Eltern waren ja beide in der Nähe.

Doch dann kam jener tragische Moment, der an diesem Tag alle bunte Farbigkeit und Lebensfreude mit einem Mal vom Himmel gewischt hat und der seither wie ein dicker schwarzer Schleier auf Ihrer Seele lastet. Und viele, die von Ihrem Unglück gehört haben, empfinden ebenso. Es möchte uns schier das Herz abdrücken beim Gedanken daran. *N.* muss beim Spielen wohl den Halt verloren haben und ins Wasser gefallen sein; ein kleiner Tümpel nur im Hof vor Ihrem Haus, gerade mal halb so tief wie er selber groß. Und trotzdem kam er nicht mehr auf die Beine. Als Sie, liebe Frau *N.*, von der Küche aus wieder nach ihm gesehen haben, lag er schon bewusstlos im Wasser. Alle verzweifelten Rettungsversuche durch Sie selber und durch die Ärzte im Krankenhaus waren vergeblich.

Nur 16 Monate alt ist *N*. geworden. Kaum, dass sein Leben aufgeblüht war, ist diese Blüte auch schon dahin. Gut drei Monate nur, nachdem Sie ihn haben taufen lassen, müssen wir ihn heute begraben.

Der Schmerz, den Sie, liebe Eltern, erleiden, ist unsagbar groß. Und ich darf Ihnen versichern, alle, die von Ihrem tragischen Schicksal erfahren haben, empfinden mit Ihnen und teilen die tiefe Trauer um Ihren kleinen Jungen. Es fällt uns allen schwer, angesichts solchen Leids Trost zu finden. Eigentlich können wir nur klagen. Und das sollen und dürfen wir auch.

Wir haben ein Recht, Gott zu fragen, warum er so etwas Schreckliches zulässt. Wir haben ein Recht, ihm Vorwürfe zu machen, ihn anzuklagen und unseren ganzen Schmerz hinauszuschreien. Wir haben schon deswegen ein Recht dazu, weil es uns erleichtert. Es ist einfach nicht normal, dass ein kerngesundes Kind mit 16 Monaten sterben muss. Das widerspricht aller Natur und dem Leben selber, das widerspricht auch dem Schöpferwillen Gottes. Das ist einfach ungerecht! So etwas kannst du, Gott, doch nicht gewollt haben! Warum bist du so ungerecht? Warum tust du dieser Familie das an?

Liebe Familie *N*., liebe Schwestern und Brüder, wir dürfen so klagen. Wir brauchen unseren Schmerz und unsere Anklage vor Gott nicht scheu zurückzuhalten, weil er doch der Allmächtige ist. Wir dürfen ihn mit unseren bohrenden Fragen in die Pflicht nehmen. Es gibt in der Bibel sogar ein ganzes Buch voll solcher Klagelieder. Unsere Lesung ist daraus genommen. Und ich glaube, was dort ausgesprochen wird, das redet Ihnen, liebe Eltern, aus der Seele: „… dahin ist mein Glanz." – „Mein Goldstück", so haben Sie, Frau *N*., Ihren *N*. gern genannt. – Oder wenn dort geklagt wird: „Herr, du hast mich aus dem Frieden hinausgestoßen; ich habe vergessen, was Glück ist." Das trifft es wohl, was Sie derzeit empfinden.

Sie brauchen sich dabei Ihrer Tränen nicht zu schämen, und auch keiner, der mit Ihnen weint. Es ist einfach nur noch zum Heulen, einen so schönen, gesunden kleinen Jungen tot auf dem Bett liegen zu sehen. Ich bin mir sicher: Auch Gott hat an jenem Donnerstagnachmittag im Krankenhaus mit uns geweint über sein kleines Geschöpf. Das hat Gott für seinen *N*. nicht gewollt. Nein, Gott hat diesen Tod nicht gewollt. Er braucht keine Kinder als kleine Engel für sich. Gott leidet vielmehr ohnmächtig mit uns. Er weint mit uns. Es tröstet mich, wenn ich im Evangelium hören darf, wie sehr Jesus über den Tod des Lazarus erschüttert und im Herzen angerührt war, zu sehen, dass auch Jesus am Grab seines Freundes bitter geweint hat.

Und dennoch stehen wir heute mit unserem verwundeten Herzen vor ihm und klagen wie Marta und Maria im Evangelium: Herr, wärst du hier gewesen, dann wäre *N.* nicht gestorben. Wo warst du in dem entscheidenden Moment, wo *N.* jemanden gebraucht hat, der ihn aufgefangen hätte? Warum hast du seinen Eltern nicht eher den Gedanken ins Herz gegeben, wieder nach ihm zu schauen? Warum hast du ihn bei der Mund-zu-Mund-Beatmung durch seine Mutter oder bei den Wiederbelebungsversuchen der Ärzte im Krankenhaus nicht wieder ins Leben zurückgeholt, so wie du den Lazarus – sogar nach vier Tagen noch – aus dem Tod zurückgebracht hast? Wenn du der allmächtige Gott bist, dann hättest du doch dieses Unglück verhindern können!

Dass Gott auch an Ihrem *N.* dieses Wunder vollbracht hätte, so wie Jesus mit den Tränen der Maria Mitleid hatte und Lazarus aus dem Tod zurückgeholt hat zum Zeichen für seine Macht, seine Macht auch über den Tod, das hätten wir uns alle für Ihren *N.* gewünscht. Gott hat es nicht getan. Wir können nicht sagen, warum. *N.*s Weg war offensichtlich ein anderer – nicht in dieser Welt. Und wir müssen ihn, so schwer es Ihnen, liebe Familie *N.*, und uns allen fällt, diesen Weg gehen lassen.

Die Ärztin Elisabeth Kübler-Ross hat in einem Brief an ein todkrankes Kind einmal geschrieben: „Einige Blumen blühen nur wenige Tage. Jedermann bewundert sie als Zeichen des Frühlings und der Hoffnung. Dann sterben sie. Aber sie haben getan, was sie tun mussten." Nach Gottes Willen, den wir nicht immer begreifen können, hat *N.* seine Aufgabe unter uns schon erfüllt. Und wir müssen ihn ziehen lassen, wie die Frühlingsblume, die verblüht ist. Sie, liebes Ehepaar *N.*, bleiben zurück, weil Ihre Aufgabe unter uns noch fortdauert. Sie werden gebraucht als Eltern für Ihren ersten Sohn *N.* und als Ehepartner, um sich gegenseitig in diesen bösen Tagen zu stützen.

Gott hat das Lazaruswunder an *N.* nicht wiederholt. So bleibt uns auf unsere Klagen nur jene Antwort, die Jesus zuvor der Marta gegeben hat: „Dein Bruder wird auferstehen." *N.* wird leben in der Welt Gottes. Denn so sagt Jesus: „Ich bin die Auferstehung und das Leben. Wer an mich glaubt, wird leben, auch wenn er stirbt, und jeder, der lebt und an mich glaubt, wird auf ewig nicht sterben." Auf diesen Glauben haben Sie Ihren *N.* vor wenigen Monaten erst taufen lassen. Und Sie sind dabei als Eltern gefragt worden, wie Jesus auch Marta gefragt hat, nachdem er ihr diese tröstliche Verheißung zugesagt hat: „Glaubst du das?" Vor dieser entscheidenden Frage, liebe Schwestern und Brüder, stehen wir heute. Können wir glauben, dass Gott für den verstorbenen *N.* ein anderes, neues Leben bereithält, und uns mit diesem Glauben trösten?

Heute, so wenige Tage nach diesem tragischen Unglück, am offenen Grab des kleinen *N.*, fällt es uns schwer, wie Marta von ganzem Herzen zu antworten: „Ja, Herr, ich glaube, dass du der Messias bist, der Sohn Gottes, der in die Welt kommen soll." Doch wir wollen miteinander Ihre und unsere Fragen aushalten und uns an dieser Zusage Jesu festhalten in der Hoffnung, dass Christus sein Versprechen an *N.* wahr machen wird.

Denn – zu dieser Einsicht ringt sich der vor Gott klagende Beter in unserer Lesung schließlich durch – „die Huld des Herrn ist nicht erschöpft, sein Erbarmen ist nicht zu Ende. Neu ist es an jedem Morgen; groß ist seine Treue."

Liebes Ehepaar *N.*, Gott wird – ganz allmählich, mit viel Zeit und Geduld – auch diese tiefe Wunde in Ihrer Seele vernarben und heilen lassen. Sie wird – als Narbe – immer bleiben, aber irgendwann wird sie nicht mehr wehtun. Und wenn Sie sich getröstet haben – so möchte ich in Anlehnung an ein Wort von Antoine de Saint-Exupéry sagen – werden Sie froh sein, Ihren *N.* gekannt zu haben.

Unter keinem guten Stern

Durch eine Gehirnblutung bei seiner Geburt kam das verstorbene Kind schwerstbehindert zur Welt. In seinen zwölf Lebensjahren hat es sich seine kleine Welt erobert. Die vielen Behandlungen und Therapien, die das Kind über sich ergehen lassen musste, konnten seinen frühen Tod nicht verhindern.

Lesung: Jes 25,6a.7–9
Evangelium: Mk 10,13–16

Bei dem Autor Michael Plener habe ich den schönen Gedanken gelesen: „Menschen, die man liebt, sind wie Sterne. Sie können funkeln und leuchten noch lange nach ihrem Erlöschen. In der Dunkelheit der Trauer leuchten die Sterne der Erinnerung." Wenn wir in den Nachthimmel schauen, dann sehen wir das Licht der Sterne, obwohl der Stern selbst vielleicht längst erloschen ist. So ist das auch mit Menschen, die man liebt, sagt Michael Plener. So ist das auch mit Ihrem *N.*, dessen kurzes Leben mit zwölf Jahren schon zu Ende gegangen ist. Der Stern der Erinnerung an ihn – an den Sohn, den Bruder, den Enkel – wird in Ihrem Leben weiter leuchten, auch wenn er nun nicht mehr lebendig bei Ihnen ist. Er wird weiterhin Teil Ihres Lebens bleiben. Das Licht seines Wesens, seiner Zuneigung, seiner Taten, der Stern der Erinnerungen, die Sie mit ihm verbinden, wird weiter funkeln und immer wieder aufleuchten, auch wenn sein irdisches Lebenslicht erloschen ist.

Das Leben Ihres *N.* stand von Anfang an unter keinem guten Stern. Klein und schwach war er bei seiner Geburt; er erlitt dabei eine Gehirnblutung, die ein Leben mit schwerster Behinderung für ihn zur Folge hatte. Selbst für die ganz grundlegenden Dinge des Lebens – beim Essen und Gehen – war Ihr Sohn auf Hilfe angewiesen. Er hatte in seinem kurzen Leben viel auszuhalten: an Behandlungen, Therapien, an Krankheiten. Zuletzt ist das alles für seinen schwachen Körper zu viel geworden.

Dennoch hat sich *N.* am Leben gefreut, hat sich seine kleine Welt erobert: in der Familie, in der Schule in *N.* Er war Ihr geliebtes Kind, trotz oder vielleicht gerade wegen seiner Behinderung, Ihr ganz besonderer Schatz. Sein Leben war wertvoll wie jedes andere auch. Auch *N.* war ein guter Gedanke Gottes, sein Augenstern. Auch wenn sein Leben in unseren Augen unter keinem guten Stern gestanden hat.

Bei seiner Taufe, da hat Gott Ihrem *N.* zugesagt: Ich habe dich in meine Hand geschrieben; mein bist du. Diese Zusage steht seither wie ein Leitstern über seinem Leben. So gesehen, stand das Leben Ihres *N.* also trotz allem unter einem guten Stern. Einen besseren als diese Zusage Gottes gibt es gar nicht. Bei seiner Taufe ist *N.* in die Liebe Gottes hineingetaucht worden. Und aus dieser Liebe – so dürfen wir glauben – wird er auch in seinem Tod nicht herausfallen. Denn Gott ist treu, und was er einem Menschen versprochen hat, das nimmt Gott nicht zurück.

Jesus hat einmal gesagt – wir haben es im Evangelium vorhin gehört –: „Lasst die Kinder zu mir kommen ... Denn Menschen wie ihnen gehört das Reich Gottes!" Kinder waren ganz offensichtlich die besonderen Lieblinge Jesu, weil sie Liebe unverstellt annehmen können – das haben Sie vielleicht auch bei Ihrem *N.* so erlebt –, auch die Liebe Gottes. Darum lagen Jesus die Kinder so besonders am Herzen, darum galt gerade ihnen seine besondere Nähe. Wenn das schon auf Erden gilt, wie viel mehr dann wohl erst, wenn ein Kind in seinem Sterben zu Christus kommt. Wie sollte Gott so ein Kind nicht zu sich in sein Reich aufnehmen?!

Freilich fragen wir mit einem blutenden Herzen, warum ein zwölfjähriges Kind sterben muss, wenn Gott die Kinder über alles liebt. Wir alle würden uns das anders wünschen. Aber Gott schont auch seine Lieblinge nicht. Die hl. Theresia von Avila erzählt aus ihrem Leben, wie sie sich einmal nach einer schweren Enttäuschung darüber im Gebet bei Gott beschwert hat. Und Gott habe ihr darauf geantwortet: „So behandle ich meine Freunde." Worauf die hl. Theresia, die für ihre Schlagfertigkeit bekannt war, erwidert habe: „Darum hast du auch so wenige!"

Nein, liebe Familie *N.*, liebe Trauergemeinde, Gott verspricht uns kein Paradies auf Erden. Aber er führt uns durch alles Leid hindurch zu einem Glück, das größer ist als alles, was wir uns jetzt vorstellen können. Davon spricht die Lesung, die wir vorhin gehört haben: „Gott, der Herr, beseitigt den Tod für immer." Diesen Tag sehnen wir herbei, darauf hoffen wir heute am Grab von *N.* „An jenem Tag wird man sagen:

Seht, das ist unser Gott, auf ihn haben wir unsere Hoffnung gesetzt, er wird uns retten … Wir wollen jubeln und uns freuen über seine rettende Tat.“ Daran wollen wir uns heute halten, wenn wir Ihren Sohn, Ihren Enkel und Bruder zu Grabe tragen.

Kindersärge sind in der Regel weiß. Die Farbe Weiß erinnert an das weiße Taufkleid, das Ihrem *N.* bei seiner Taufe angezogen worden ist, als Zeichen für das neue Leben, das er durch Christus empfangen hat. Dieses göttliche, ewige Leben war seither schon in ihm. In dieses neue, ewige Leben möge ihn Gott nun ganz und für immer aufnehmen. Warum das schon so früh sein musste, warum Ihr *N.* schon mit zwölf Jahren aus diesem Leben gehen musste, das verstehen wir nicht. Darüber können wir nur klagen. Aber wir wissen, dass er in Gottes Liebe für immer geborgen ist. Und darum wird der Stern seines Lebens weiter funkeln.

Ihr Lebensbuch – nur ein schmales Bändchen

Die 48-jährige Mutter zweier gerade erwachsen gewordener Söhne war bereits seit 4 ½ Jahren Witwe. Ihre Biografie ist gekennzeichnet von ausgekosteter Lebensfreude, aber auch von schicksalhaften Ereignissen. Seit einem Jahr war sie selbst unheilbar an Krebs erkrankt.

Lesung: Offb 20,11 – 21,1
Evangelium: Joh 5,24–29

„Und Bücher wurden aufgeschlagen …", so schildert die Offenbarung des Johannes, das letzte Buch der Bibel, das Ende der Welt, das, was nach unserem Tod geschieht. Gott schaut mit uns unsere Lebensgeschichte an: alles, was uns geprägt hat, alles, was das Leben aus uns gemacht hat. Das Symbol dafür ist ein Buch. Ein Leben lang schreiben wir sozusagen an der Chronik unseres Lebens. Wie in einem Tagebuch tragen wir Tag für Tag etwas ein in unsere Lebensgeschichte: Alltägliches und Banales genauso wie die großen Momente unseres Lebens, entscheidende Weichenstellungen, Erhebendes und Trauriges – jeder Tag eine neue Seite.

Der Mensch, so deutet dieses Symbol an, ist vor Gott wie ein offenes Buch. Nichts von seinem Leben und Lieben, von seinen Freuden und Tränen ist vor Gott verborgen oder vergessen. Alles ist da und darf da sein, wenn Gott uns auf diese Weise anschauen wird.

Wenn Gott das Lebensbuch von *N. N.* aufschlägt, um darin zu lesen, und wir mit ihm ein wenig dort hineinschauen dürfen, dann sehen wir da wie in einem tabellarischen Lebenslauf die Einträge ihrer äußeren Lebensgeschichte: ihre Geburt am *[Datum]* in *N.*, ihre Kindheit und Jugend in *N.* und später dann hier in *N.*, ihre Lehre und Berufstätigkeit als Einzelhandelskauffrau, ihre Hochzeit 1985 und die Geburt ihrer beiden Söhne *N.* und *N.*, von da an ihre Zeit daheim als Hausfrau und Mutter. In den letzten Jahren ihre erneute Berufstätigkeit beim Ausfahren von Medikamenten.

Wir finden im Lebensbuch eurer Mutter, Ihrer Tochter und Schwester Seiten voller Lebensfreude: die Liebe zu ihrem Mann, ein erfüllendes Familienleben, die Geselligkeit im Gasthaus ihrer Eltern in *N.*, wo sie ihren Mann *N.* kennengelernt hat. Er war der erste Gast nach der Eröffnung, und da hat es gefunkt. Das Zusammensein mit Freundinnen oder beim *N.*er Frauenbund und auch die Lust am Motorradfahren auf der Harley – ein Traum, den sich unsere Verstorbene in den letzten Jahren erfüllt hat.

Aber das Lebensbuch von *N. N.* enthält auch düstere Kapitel. Viel zu früh ist sie Witwe geworden, als ihr Mann vor 4 ½ Jahren seiner schweren Herzkrankheit erlegen ist. Und nun ihre eigene unheilbare Krankheit und Leidenszeit. Vor einem Jahr wurde bei eurer Mutter ein Gehirntumor festgestellt. Sie hat gegen diese heimtückische Krankheit angekämpft, hat sich nie aufgegeben. Die Ärzte haben ihr Hoffnung auf eine Heilung gemacht. Aber es ist doch anders gekommen. Am Freitag ist sie daran gestorben – mit 48 Jahren.

Nur ein schmales Bändchen also hat das Lebensbuch von *N. N.* werden dürfen. Dabei wünschen wir uns doch alle ein dickes Buch mit vielen Seiten und sind erschrocken, wenn jemand so maßlos zu früh stirbt.

Wir wissen nicht, warum manches Leben nur so kurz währen darf. Auf diese Frage nach dem „Warum?" bekommen wir keine Antwort. Aber wir ahnen vielleicht, dass unsere menschlich gemessene Zeit vor Gott keine Kategorie ist. Für ihn, so sagt es die Heilige Schrift, sind 1000 Jahre wie der Tag, der gestern vergangen ist. Vor Gott zählt nicht die Zahl der Jahre. Er liest unser Lebensbuch – um in diesem Bild zu bleiben –, er liest unser Lebensbuch weniger nach seiner Länge, als nach seinen Inhalten. Gute Bücher müssen nicht dick sein. Nicht die Seitenzahl ist entscheidend für die Qualität eines Buches, sondern sein Inhalt. Das gilt wohl auch für unser Lebensbuch.

„Wenn durch einen Menschen ein wenig mehr Liebe und Güte, ein wenig mehr Licht und Wahrheit in der Welt war, dann hat sein Leben einen Sinn gehabt", schreibt Alfred Delp. Mit ihrem liebevollen und fürsorglichen Dasein für ihre Familie – für ihren Mann und ihre beiden Söhne, in der jahrelangen Pflege ihres Schwiegervaters –, auch mit ihrer bescheidenen und zufriedenen Lebensart hat eure Mutter, hat Ihre Tochter und Schwester Liebe, Güte, Licht und Wahrheit in die Welt hineingetragen. Und darum hat ihr Leben, auch wenn es kurz war, einen Sinn gehabt. Darum ist auch ihr Sterben nicht sinnlos und hoffnungslos. Auch wenn ihr Lebensbuch nur ein schmales Bändchen werden durfte, so ist es doch ein gutes Buch geworden.

Liebe trauernde Angehörige, Schwestern und Brüder, gute Bücher, Chroniken zumal, schreibt man auf besonderem Papier. Meist ist darin ein Wasserzeichen eingeprägt, das über seine Herkunft oder den Eigentümer Auskunft gibt. So ein Wasserzeichen im übertragenen Sinn gibt es auch im Leben unserer verstorbenen Schwester. In der Taufe ist es ihrem Leben eingeprägt worden: die Beziehung zu Christus, zu dem sie seither gehört, der sie dadurch mit hineingenommen hat in seinen Weg aus Tod und Grab zum ewigen Leben. Dieser Glaube war ins Leben und Tun unserer Verstorbenen hinein verwoben und hat dort immer wieder durchgeschimmert wie ein Wasserzeichen im Papier: in ihrer gelebten Gottes- und Nächstenliebe, wenn sie den Gottesdienst mitgefeiert hat, in den religiösen Symbolen, mit denen sie sich daheim umgeben hat und die ihre gläubige Hoffnung auf Gott erahnen lassen.

Lieber *N.*, lieber *N.*, wenn Gott nun mit eurer Mutter das Buch ihres Lebens durchblättert, dann wird er dieses Wasserzeichen des Glaubens sehen und sie daran als sein Eigen erkennen. Unsere Lesung spricht ja neben dem Buch unserer ganz persönlichen Lebensgeschichte auch noch von einem zweiten Buch, das im Himmel aufgeschlagen werden wird: das Buch des Lebens, in dem die verzeichnet sind, die gerettet werden sollen. In dieses Buch des Lebens ist *N. N.* bei ihrer Taufe eingetragen worden. Und Gott wird daraus keinen Namen tilgen. Gottes Zusage gilt für immer. Es sei denn, jemand würde von sich aus die Beziehung zu ihm aufkündigen. Was er uns in der Taufe versprochen hat, das nimmt Gott nicht zurück.

Freilich ist da in unseren Schriftlesungen auch vom Gericht die Rede, das über uns gehalten werden wird, wenn unser Lebensbuch vor Gott aufgeschlagen wird, vom Gericht über unsere Lebensgeschichte und die Taten, die darin aufgeschrieben sind. Doch so, wie uns Jesus Gott verkündet hat – als liebenden, barmherzigen Vater –, dürfen wir darauf vertrauen, dass Gott in diesem Buch unseres Lebens nicht lesen wird, um darin nach Fehlern oder Schuld, nach vorzeigbaren Leistungen und guten Werken zu suchen, sondern um am Geschick eines Menschen Anteil zu nehmen, um ihn als ganzen Menschen zu verinnerlichen. Und die Fehler und Makel, die an einem Menschen haften mögen, die wird er in seinem Erbarmen ausbügeln wie die Eselsohren in einem Buch.

Wenn das Neue Testament vom Gericht Gottes spricht, dann ist damit weniger ein Aufrechnen und Beurteilen einzelner Taten oder Unterlassungen gemeint, sondern ein Aufgerichtetwerden durch Gott, ein Ausgerichtetwerden auf Gott hin und Hergerichtetwerden für die ewige Gemeinschaft mit ihm. In unserem Evangelium heute ist das angeklungen.

Darauf dürfen wir unsere Hoffnung bauen: dass Gott mit diesem barmherzigen Blick der Liebe im Lebensbuch von *N. N.* lesen wird, das in unseren Augen so viel vor der Zeit zugeschlagen wurde. Und dass ihre Lebensgeschichte deshalb bei Gott noch nicht zu Ende ist und ad acta gelegt wird im Archiv der Vergangenheit und des Vergessens, sondern dass sie bei ihm fortgeschrieben wird zu einer unendlichen Geschichte, weil sie mit Christus „aus dem Tod ins Leben hinübergegangen" ist.

Fährt der Wind darüber, ist sie dahin

Die 49-jährige krebskranke Ehefrau und Mutter hat Blumen über alles geliebt. Viele Jahre hat sie sich im örtlichen Frauenbund am Binden der Palmbuschen und Kräuterbüschel beteiligt. Im Dasein für ihre Familie hat sie ihren Lebenssinn erkannt, ihr wollte sie ein schönes Zuhause bereiten. Von ihrer Familie wurde sie in ihrer Krankheit auf bewundernswerte Weise gepflegt und begleitet. Mit Gott verbunden und in gläubiger Hoffnung ist sie den Weg des Sterbens bewusst gegangen.

Lesung: Ps 103,8.11–17
Evangelium: Mt 6,25–33

Von den Lilien auf dem Feld haben wir Jesus im Evangelium reden hören. Auch in der Lesung war von Blumen die Rede. Blumen begleiten uns auf vielen Stationen unseres Lebens: der Brautstrauß bei der Hochzeit; ein Blumenstrauß, als Dank nach der Geburt eines Kindes überreicht; eine Handvoll Wiesenblumen, von Kindern zum Muttertag gepflückt. Bei den Krankenhausaufenthalten im Lauf ihrer langen, schweren Krankheit haben Sie Ihrer Frau und Mutter immer wieder Blumen mitgebracht. Nachbarn haben ihr Blumen geschenkt, wenn sie wieder nach Hause gekommen ist. Und auch heute, wenn wir sie zu Grabe tragen müssen, spielen Blumen eine wichtige Rolle. Wir flechten Blumen in die Kränze, die wir an ihr Grab legen. Als letzter Gruß werden oftmals Blumen ins Grab geworfen als Zeichen der Hoffnung auf ein Leben über den Tod hinaus.

Blumen sprechen eine eigene Sprache. Sie bringen Farbe ins Leben. Sie sprechen zu uns von der Fülle des Lebens. Die bunten Blumen sind ein Zeichen der Hoffnung in den Dunkelheiten unseres Lebens. Blumen bringen zum Ausdruck, was sich mit Worten oft so schwer sagen lässt: ein Dank, eine Bitte um Vergebung, eine unausgesprochene Hoffnung.

Unsere Verstorbene hat Blumen sehr geliebt. Ihren Garten pflegen, das Haus mit Blumen schmücken, für ihre Familie ein schönes

Zuhause gestalten, das hat *N. N.* sehr gern getan. Sie war ein ruhiger und häuslicher Typ, ganz da für ihre Familie. Für ihre Familie, für ihre beiden Kinder hat sie alles getan.

In manchem gleicht das Leben unserer Verstorbenen selbst dem einer Blume. Da ist das Aufblühen ihres Lebens: ihre Kindheit in *N.*, ihre Ausbildung zur Zahnarzthelferin – 20 Jahre lang hat sie in diesem Beruf gearbeitet –, die Hochzeit mit Ihnen, ihrem Mann *N.*, der gemeinsame Hausbau in *N.*, die Geburt ihrer beiden Kinder *N.* und *N.* Danach ist sie der Kinder wegen zuhause geblieben als Hausfrau und Mutter, hat daneben in Heimarbeit gearbeitet. Sie war ein echter Familienmensch. Wie eine Blume, die ihren Duft verströmt und an der man sich freuen kann, hat sie mit ihrer Liebe das Leben ihrer Familie bereichert und schön gemacht.

Bunte Farbtupfer in ihrem Leben wie bunte Blumen auf einer Wiese, das waren für Ihre verstorbene Tochter, Ihre Ehefrau und Mutter ihr Hobby, das Basteln, gesellige Abende beim Frauenbund und kurze Urlaube mit der Familie. Ein paar Tage wegfahren, das hat sie genossen. Und sich dann mindestens genauso darauf gefreut, wieder zuhause zu sein. Zuletzt im Juni, als sie schon sehr schwer krank war, haben Sie ihr das noch einmal möglich gemacht.

Liebe Familie *N.*, liebe Schwestern und Brüder, „des Menschen Tage sind wie Gras, er blüht wie die Blume des Feldes", so haben wir eben in der Lesung aus dem Psalm 103 gehört. „Fährt der Wind darüber, ist sie dahin." Die bittere Wahrheit dieses Wortes müssen Sie als Familie in diesen Tagen erleben. Seit etwa drei Jahren, seit ihre Krebserkrankung festgestellt worden ist, hat Ihrer Tochter, Ihrer Ehefrau und Mutter, Ihrer Schwester und Schwägerin der eisige Wind der Krankheit hart ins Gesicht geweht. Seither haben Sie mit ihr in einem ständigen Auf und Ab gelebt, zwischen Hoffen und Bangen, zwischen Kämpfen und Resignation, immer wieder geplagt durch Operationen und Chemotherapie, in einem Hin und Her zwischen Krankenhaus und Pflege daheim. Sie haben sie als Familie auf dieser langen Wegstrecke des Leidens auf bewundernswerte Weise begleitet und gepflegt.

Die Ärzte haben sich bemüht, diese immer weiter ausufernde Krankheit in den Griff zu bekommen, und mussten schließlich doch anerkennen, was Jesus in seiner Rede über die falsche und die rechte Sorge sagt: „Wer von euch kann mit all seiner Sorge sein Leben auch nur um eine kleine Zeitspanne verlängern?" Als immer klarer wurde, dass eine Heilung für sie nicht mehr möglich sein würde, ist *N. N.* sehr bewusst ihrem Sterben entgegengegangen. Auf ihren Wunsch hin sollte sie einen Platz im Sterbehospiz in *N.* bekommen. Dazu ist es nun nicht mehr gekommen. Am Freitagnachmittag ist sie im Krankenhaus – dann doch sehr schnell – verstorben. Sie haben mit ihr dort noch die Krankensalbung gefeiert und sie betend in diesen letzten Stunden begleitet.

Wie ein viel zu früher Nachtfrost im Herbst die Blumen im Garten hinwegrafft, so hat die Krankheit das Leben unserer Verstorbenen zerstört, das mit 49 Jahren doch noch in voller Blüte stand. Betroffen fragen und klagen wir: Warum muss das sein?

„Warum müssen manche Menschen schon so früh sterben?", so hat ein krebskrankes Mädchen die Ärztin und Psychologin Elisabeth Kübler-Ross gefragt. Und sie hat ihr darauf geantwortet: „Manche Blumen blühen nur kurz. Jedermann bewundert sie als Zeichen des Frühlings und der Hoffnung. Dann sterben sie. Aber sie haben getan, was sie tun mussten." Dem Leben Ihrer Ehefrau und Mutter war keine lange Blütezeit beschieden. Aber sie hat in dieser Zeit getan, was sie tun musste. Sie hat mit ihrem Leben Freude und Liebe in das Leben der Ihren gebracht.

„Des Menschen Tage sind wie Gras, er blüht wie die Blume des Feldes. Fährt der Wind darüber, ist sie dahin; der Ort, wo sie stand, weiß von ihr nichts mehr", so sagt der Psalmbeter. Aber er ist damit noch nicht zu Ende. Der Tod hat nicht das letzte Wort. Und darum fährt er fort: „Doch die Huld des Herrn währt immer und ewig für alle, die ihn fürchten und ehren." In Gott hat unsere Verstorbene ihren festen Halt gehabt. Sie war von klein auf eine regelmäßige Kirchgängerin. Mit Gott verbunden ist sie auch den schweren Weg ihrer Krankheit gegangen. Seine Huld ist noch nicht zu Ende, wenn unser Leben in dieser Welt zu Ende geht.

Wenn Gott schon für die Vögel des Himmels und das Gras so wunderbar sorgt, das heute auf dem Feld steht und morgen verdorrt ins Feuer geworfen wird, um wie viel mehr wird sich Gott dann um unser Leben kümmern, sagt Jesu. Ihr seid doch viel mehr wert! Sollte Gott den Menschen dann im Tod so einfach zu Nichts vergehen lassen? Und nicht sein Leben vielmehr auf ewig bewahren? Verspricht doch Jesus denen, die sich um Gottes Gerechtigkeit sorgen, Gott werde ihnen alles andere dazugeben. Auf dieses „Dazu" dürfen wir hoffen: auf ein Leben jenseits aller Sorgen; als göttliche Dreingabe nach dem Sorgen und Mühen in dieser Welt.

Liebe trauernde Angehörige, Schwestern und Brüder, viele Jahre lang hat *N. N.* sich daran beteiligt, wenn der Frauenbund Palmbuschen oder Kräuterbüschel gebastelt hat. An Mariä Himmelfahrt, da bringen wir Blumen und Heilkräuter mit zum Gottesdienst, die ganze Pracht und Schönheit der Schöpfung. Die irdischen Heilkräfte, die diese Welt bereithält, haben für Ihre Ehefrau und Mutter, für Ihre Tochter, Schwester und Schwägerin nicht ausgereicht, um ihre Krankheit zu besiegen. Sie reichen letztlich für keinen von uns, um unser Leben auf Dauer zu bewahren. Gegen den Tod ist kein Kraut gewachsen. Umso mehr hoffen wir auf das, wofür die Kräuterbuschen an Mariä Himmelfahrt im religiösen Sinn stehen: auf das ewige Heil von Gott her.

Im Segensgebet über die Kräuterbuschen heißt es: „Herr, unser Gott, … segne diese Kräuter und Blumen. Sie erinnern uns an deine Herrlichkeit und an den Reichtum deines Lebens. Schenke uns auf die Fürsprache Mariens dein Heil. Lass uns zur ewigen Gemeinschaft mit dir gelangen und dereinst einstimmen in das Lob der ganzen Schöpfung, die dich preist in alle Ewigkeit."

Was in diesem Gebet gesagt wird, das ist es, was wir heute für unsere Verstorbene erbitten: dass ihr nun, in der ewigen Gemeinschaft bei Gott, neues Leben erblühe.

Geschaffen als Gottes Ebenbild

Der 54-jährige Verstorbene war als Schlosser mit Meisterbrief ein fleißiger Handwerker; zur Selbstständigkeit hat es jedoch nie gereicht. In der Familie war er ein verlässlicher Ehemann und Vater. Immer hat in ihm jedoch genagt, dass er eigentlich mehr gekonnt und beruflich gerne etwas ganz anderes gemacht hätte. Sein Glaube ist über eine theoretische Anerkenntnis Gottes nicht hinausgekommen; die Unzufriedenheit mit seiner Lebensgeschichte und schwere Schicksalsschläge haben seine Gottesbeziehung belastet. Sein Hobby war die digitale Bearbeitung selbst geschossener Fotos am Computer.

Lesung: Gen 2,4b–9.15
Evangelium: Joh 17,1–5

Wir haben in der Lesung einen Auszug aus dem zweiten Schöpfungsbericht aus dem Buch Genesis gehört. Die biblischen Autoren wollen damit keine wissenschaftliche Darstellung liefern von der Entstehung unserer Erde und dem Werden des Lebens auf ihr, wollen nicht beschreiben, auf welche Weise das alles geworden ist. Dann wäre das, was wir eben gehört haben, durch die modernen Naturwissenschaften längst widerlegt und überholt. Sie wollen mit ihrer bildhaften Erzählung vielmehr etwas Wesentliches festhalten über den letzten Ursprung allen Lebens und über das Wesen des Menschen.

Die erste Aussage dabei ist: Alles Leben, ja das ganze Universum, hat seinen Ursprung in Gott. Und das Zweite: Der Mensch ist geschaffen als Ebenbild Gottes. Das ist seine besondere Würde, die ihn auszeichnet gegenüber allen anderen Geschöpfen. Gott hat den Menschen auf sein Bild hin geschaffen. Im anderen, ersten Schöpfungsbericht im Buch Genesis heißt es dazu: „Gott schuf also den Menschen als sein Abbild; als Abbild Gottes schuf er ihn.“ Als solchen hat Gott den Menschen beauftragt, an seiner Schöpfung mitzubauen. Er hat ihm die Erde übergeben, sich die Erde nutzbar zu machen, sie zu bebauen und zu behüten. Und er hat den Menschen berufen, in Gemeinschaft mit Gott, seinem Schöpfer, zu leben. Das ist das Bild, das Gott sich vom Menschen gemacht und das er in jeden von uns hineingelegt hat.

Wenn die irdische Lebenszeit eines Menschen im Tod an ihr Ende gelangt ist und wir auf sein Leben zurückblicken, dann stellt sich die Frage: Wie sehr hat dieser Mensch mit seinem Leben diesem Bild entsprochen? So fragen wir auch heute am Grab von *N. N.* Auch in ihn hat Gott dieses sein Bild hineingelegt.

Mit seinem Handwerk als Schlosser, das er nach seiner Kindheit in *N.* und *N.* gelernt hat, hat er sicher in einem ganz wörtlichen Sinn am Schöpfungswerk Gottes mitgebaut. Überhaupt konnte unser Verstorbener sich handwerklich überall helfen. Er war ein fleißiger Arbeiter. Er hat sogar den Meisterbrief im Schlosserhandwerk gemacht. Um sich selbstständig machen zu können, hat es aber nie gereicht. Schon als Kind wäre Ihr Sohn und Bruder gerne auf eine weiterführende Schule gegangen; leider fehlten dazu die finanziellen Möglichkeiten. Intelligent wie er war, hätte er vermutlich das Zeug dazu gehabt. Zeitlebens hat Ihr Ehemann und Vater Interesse und Freude gehabt am logischen Denken; am Computer hat er sich perfekt ausgekannt. Sein Laptop war sein Hobby. Zuletzt, bis zu seiner schweren Erkrankung, war er dann als Lagerarbeiter bei der Firma *N.* beschäftigt. Aus Verantwortung seiner Familie gegenüber hat er diese Arbeit getan, auch wenn es nicht gerade sein Traumberuf war. Dass er eigentlich mehr gekonnt und gerne etwas anderes gemacht hätte, das hat an *N. N.* immer irgendwie genagt.

Auch in anderer Hinsicht hat der Verstorbene den Auftrag Gottes zum Mitwirken an seiner Schöpfung in seinem Leben verwirklicht: Als Ehemann und Vater hat er drei Kindern das Leben geschenkt und ihnen auf den Weg ins Leben geholfen. Für seine Familie war *N. N.* verlässlich da.

Um das Bild abzurunden, das Gott vom Menschen als seinem Ebenbild entworfen hat, bleibt noch die Frage, wie sehr unser Verstorbener die Gemeinschaft mit Gott, seinem Schöpfer, persönlich gelebt hat. In der Taufe ist diese Beziehung für ihn geknüpft und in sein Herz hineingelegt worden. Und Ihr Sohn, Ihr Bruder und Schwager hat auch an Gott als den Schöpfer allen Lebens geglaubt. Doch ist das bei ihm wohl eher eine theoretische Anerkenntnis geblieben; zu einer persönlich gelebten Gottesbeziehung, zu einem praktizierten Glauben ist das nicht geworden.

Möglicherweise hat ihm auch das viele Schwere, das ihm das Leben zugemutet hat, den Weg dahin verstellt: die gewisse Unzufriedenheit mit seiner Lebensgeschichte, die Behinderung und dann der Tod seines Sohnes *N.* mit zwölf Jahren und nun seine eigene schwere Krebserkrankung.

Die Zeit seit März 2007 war für Ihren Sohn und Bruder, Ihren Ehemann und Vater eine Tortur. Die Bestrahlung und die Chemotherapie hatten bei ihm dazu geführt, dass in seinem Hals alles vernarbt war. Er konnte fast nichts mehr essen, durch eine Luftröhrenkanüle konnte er nur mit Mühe sprechen und hatte auch nur mehr eine eingeschränkte Lungenfunktion. Dennoch hat er eisern gegen seine Krankheit angekämpft. Am vergangenen Samstag, in den frühen Morgenstunden, war der Kampf entschieden. So müssen wir unseren verstorbenen Bruder heute mit erst 54 Jahren zu Grabe tragen.

Mit seinem Leben hat *N. N.* manches von dem Bild aufscheinen lassen, das Gott in ihn hineingelegt hat. Es gibt aber auch Dinge bei ihm – in seiner Wesensart, im Umgang mit seinen Mitmenschen, in seinem Leben mit Gott –, die dieses Bild trüben und verzerren. Wie sehr jemand das Bild zum Leuchten gebracht und ausgefüllt hat, das Gott bei der Schöpfung in ihn hineingelegt hat, darüber wird Gott Gericht halten – bei unserem verstorbenen Bruder und bei jedem von uns.

Kein Mensch wird dieses Bild der Ebenbildlichkeit Gottes ganz ohne Makel bewahren. Bei jedem von uns wird es aufgrund unserer menschlichen Sündhaftigkeit unscharfe Stellen, Übermalungen, blinde Flecken und unterbelichtete Bereiche geben. Wir sind eben alle keine Hochglanzabzüge dieses göttlichen Ebenbildes.

Darum hat Gott uns seinen Sohn zu Hilfe gesandt; darum ist er ein Mensch geworden wie wir, in allem uns gleich, außer der Sünde – das Bild vom Menschen also in Vollendung, in Reinform, so wie Gott sich den Menschen gedacht hatte. Er ist Mensch geworden wie wir, damit Gott in uns lieben kann, was er in seinem eigenen Sohn geliebt hat, wie es in einer Präfation beim Hochgebet der Messe heißt. Das meint: Seit der Menschwerdung seines Sohnes erkennt Gott in jedem Menschengesicht auch seinen geliebten Sohn Jesus Christus wieder – das, was er an ihm geliebt hat – und er wird deshalb aus Liebe zu ihm auch uns, seine Menschenschwestern und -brüder, nicht verloren gehen lassen.

Diese Verheißung ist uns zugesagt: Christus wird das Bild unserer Ebenbildlichkeit Gottes vollenden, das wir in uns tragen, das wir aber mit unserem Leben immer nur unvollkommen und gebrochen zum Vorschein bringen. Er wird das tun, nicht nur im Sinne kleinerer Retuschen wie der Fotograf im Labor oder mittels Bildbearbeitungsprogrammen, wie das Ihr Ehemann und Vater selbst so gerne getan hat, wenn er seine selbst geschossenen Fotos am Computer bearbeitet hat, sondern von Grund auf als Verwandlung zu einem neuen Leben in der ungetrübten Herrlichkeit Gottes.

Dieser Gedanke ist dem Apostel Paulus in seinen Briefen ganz wichtig, wenn er den frühen christlichen Gemeinden schreibt, was wir für uns angesichts des Todes von Christus her erwarten dürfen: „Wir werden verwandelt werden … in sein eigenes Bild.“ Christus wird „unseren armseligen Leib verwandeln … in die Gestalt seines verherrlichten Leibes.“ Dann werden wir vor Gott in unserer ursprünglichen Würde wieder hergestellt sein. Das dürfen wir von Christus her auch für unseren verstorbenen Bruder im Glauben erhoffen.

Die wunderbare Melodie des Lebens

Beim Kaffeetrinken mit Schulfreundinnen in einer abseits gelegenen Mühle erlitt eine 66-jährige Ehefrau, Mutter und Oma, die sehr gerne gesungen hat, einen schweren Schlaganfall mit nachfolgendem Herzstillstand. Der eintreffende Notarzt konnte sie zwar noch reanimieren, ein paar Tage später starb sie jedoch im Krankenhaus. Vor allem in Form von privaten Wallfahrten und auf dem Gebiet christlicher Nächstenliebe hat die Verstorbene ihren Glauben gelebt. In der Schönheit der Natur hat sie etwas vom Schöpfergott erkannt. Eine engere Bindung zur Gottesdienstgemeinde der Pfarrei war bei ihr und ihrer Familie nicht vorhanden.

Lesung: Offb 5,1–10
Evangelium: Mt 5,1–12a

Singen ist Ausdruck von Lebendigkeit, von Lebensfreude. In der Literatur begegnet uns daher immer wieder der Vergleich zwischen dem Singen eines Liedes und dem menschlichen Leben. Unser Leben ist wie ein Lied, das wir singen. Alles Lebendige singt vom Leben – so dichten die Poeten. Jeder Mensch interpretiert die wunderbare Melodie des Lebens auf seine ganz persönliche Weise.

Ihre verstorbene Ehefrau und Mutter hat auch gerne gesungen. Theater spielen und vor allem Singen, das waren ihre großen Leidenschaften. Gerade in den letzten Jahren, seit ihr Enkel *N.* geboren war, hat ihr Gesang immer wieder Ihr Haus in der *N.*-Straße erfüllt, wenn sie ihm Kinderlieder vorgesungen hat.

Ganz plötzlich ist letzte Woche dieses Lied auf den Lippen Ihrer Ehefrau und Mutter verstummt, als sie beim Kaffeekränzchen mit Schulfreundinnen in der *N.*-Mühle ein schwerer Schlaganfall mit nachfolgendem Herzstillstand ereilt hat. Es war ein Sekundentod, den auch ein anwesender Arzt nicht hätte aufhalten können. Der eintreffende Notarzt hat unsere Verstorbene zwar noch einmal ins Leben zurückgeholt, aber ihr Organismus war zu sehr geschädigt, als dass es ein wirkliches Zurück hätte geben können. Am Dienstagvormittag ist sie friedlich eingeschlafen, ohne das Bewusstsein noch einmal erlangt zu haben.

So ein Tod macht sprachlos. Er lässt den Sterbenden verstummen. Und die anderen, die mit der Sterbenden bis zur Schwelle des Todes gegangen sind, bleiben hilflos zurück. Aus der Sicht Ihrer Ehefrau und Mutter dürfen wir sicher sagen: Der Tod war gnädig mit ihr. Sie hat nicht leiden müssen; sie hat ihr eigenes Sterben wahrscheinlich gar nicht bewusst mitbekommen, so schnell ging es. Damit ist ihr erspart geblieben, was sie an ihrer eigenen Mutter erlebt hat, die sie – ebenfalls nach einem Schlaganfall – ein halbes Jahr lang zuhause hingebungsvoll gepflegt hat, bevor diese gestorben ist. Dieser Wunsch ist ihr in Erfüllung gegangen.

Aber Sie als Angehörige lässt dieser plötzliche Tod sprachlos zurück. Kein Wort des Abschieds, das Sie Ihrer Frau, Ihrer Mutter mehr sagen konnten, kein Wort des Dankes, das man ihr noch hätte mitgeben wollen, keine Gelegenheit mehr, so manches Ungesagte noch ins Wort zu bringen. Die Trennung durch den Tod trifft Sie völlig unvorbereitet.

Mit 66 Jahren ist heutzutage das Lied des Lebens normalerweise noch längst nicht zu Ende gesungen; da darf man eigentlich noch einige Takte erwarten. Udo Jürgens hat sich in seinem Lied sogar zu der Aussage verstiegen, mit 66 Jahren, da fange das Leben erst richtig an. So hat sich auch unsere Verstorbene von den Krankheiten, die sich mit zunehmendem Alter so einstellen, ihre Lebensfreude nicht nehmen lassen. Sie hat damit zu leben gewusst. Keiner hatte deshalb gedacht, dass das Lied des Lebens auf ihren Lippen so plötzlich verstummen würde.

Liebe Angehörige, liebe Schwestern und Brüder, die Lieder, die *N. N.* zu singen wusste, das waren nicht die großen, hochkomplizierten Arien der Opernliteratur, es waren unsere bodenständigen Volkslieder und die einfachen Kinderreime, die sie ihrem Enkel *N.* vorgesungen hat. Darin spiegelt sich etwas wider von ihrer eigenen bodenständigen Lebensweise. In der Nachkriegszeit ist sie in *N.* in einfachen Verhältnissen aufgewachsen; das hat sie geprägt: bescheiden zu bleiben, mit den einfachen Dingen zufrieden zu sein. So hat sie all die Jahre gelebt.

Dazu hat für unsere Verstorbene auch gehört, dass sie nach der Heirat mit ihrem Mann 1961 und der Geburt ihres Sohnes *N.* 1964 ihren erlernten Beruf als Schneiderin aufgegeben hat, um ganz für ihre Familie da zu sein. Dieses Dasein für die Familie war ihr wichtiger als die eigene berufliche Verwirklichung. Und in ähnlicher Weise war sie die letzten Jahre mit viel Hingabe für ihren Enkel *N.* da.

Liebe Schwestern und Brüder, denen, die mit ihm leben, die sich wie er für die einfachen, aber ganz grundlegenden Dinge des Lebens starkmachen – für Gerechtigkeit, für einen friedvollen Umgang miteinander, für die Wahrheit, für Barmherzigkeit zwischen den Menschen, für Liebe und Hingabe in der Begegnung der Menschen untereinander – denen ruft Jesus – auch wenn sie manches erleiden müssen – im Evangelium zu: „Freut euch und jubelt; euer Lohn im Himmel wird groß sein."

Dieses Grundsatzprogramm Jesu, das wir gerade im Evangelium wieder gehört haben, hat unsere Verstorbene beherzigt. Wenn es wohl auch nur Jesus selbst ganz erfüllen kann – sie hat danach zu leben versucht. Ihre Ehefrau und Mutter hat damit Gottes Melodie in sich aufgenommen. In ihren privaten Wallfahrten auf den Bogenberg, zu denen sie – mehrmals im Jahr – einfach ganz alleine betend losmarschiert ist, hat sie sich in diesem Grundsatzprogramm für ihr Leben immer wieder bestärkt. Diese Wallfahrten zum Bogenberg waren eine Kraftquelle für sie, ihr Leben im Sinne Jesu zu meistern. Von dorther hat sie die Energie bezogen, mit ihrem Leben Gottes Melodie zu singen.

Für die nächsten Wochen, wenn es nicht mehr ganz so heiß sein würde, hatte sie für sich schon wieder so eine Wallfahrt geplant. Dazu ist es nun nicht mehr gekommen. Statt einer Wallfahrt zum Bogenberg hieß es für sie, die letzte und endgültige Reise anzutreten. So sehr dieser Abschied auch schmerzt, so dürfen wir als gläubige Menschen doch davon ausgehen, dass diese letzte Reise für unsere Verstorbene keine Fahrt nach Nirgendwo, sondern auch eine Wallfahrt geworden ist, ein Weg auf Gott zu, hinauf zu seinem ewigen Vaterhaus.

Der christliche Glaube, liebe Familie *N.*, gibt uns die Hoffnung, dass mit dem so plötzlichen Tod Ihrer Ehefrau und Mutter das Lied ihres Lebens nicht einfach abgewunken ist und im Nichts verhallt, sondern dass sie nun hinübergenommen ist in die neue Welt Gottes, von der wir in der Lesung aus der Offenbarung des Johannes gehört haben, jener Vision über den Himmel, wo die Erlösten das neue Lied singen.

Das ist es, was wir für Ihre verstorbene Ehefrau und Mutter glauben dürfen: dass sie nun bei Gott ist; dass sie ihren Schöpfer, von dem sie bei ihren geliebten Spaziergängen in der Ruhe und Schönheit der Natur immer schon eine besonders dichte Ahnung verspürt hat, nun ganz unmittelbar, von Angesicht zu Angesicht, schauen darf; dass sie von Christus den verheißenen Lohn empfangen hat und nun unter denen ist, die vor dem Thron Gottes auf ewig sein Lob singen, und mit einstimmen darf in das Lied der von Christus Erlösten, die im Himmel sind.

Aus der Hand geschlagen

Der äußerst hilfsbereite und handwerklich geschickte 68-jährige Ehemann und Familienvater kam von einer abendlichen Einkaufsfahrt mit dem Auto nicht mehr nach Hause zurück. Ein entgegenkommendes Fahrzeug mit offener Bordwand hat ihn mitten im Ort tödlich getroffen. Nicht nur die Familie, auch die örtliche Bevölkerung ist am Tag der Beerdigung vom Unfallgeschehen noch merklich schockiert. Der Motorsport war die große Leidenschaft des Verunglückten. Auf eine stille und verborgene Art hat er seinen Glauben gelebt.

Lesung: Hos 6,1–2.3bcd
Evangelium: Joh 10,14–15.27–29

„Ich steh' vor dir mit leeren Händen, Herr; fremd wie dein Name sind mir deine Wege", so haben wir zu Beginn des Requiems für unseren Verstorbenen gesungen. Dieses Lied bringt wohl gut zum Ausdruck, was Sie, liebe Angehörige, fühlen, und viele mit Ihnen, die *N. N.* gekannt haben. Wir stehen da mit leeren Händen, weil uns der Tote durch einen grausamen Schicksalsschlag aus den Händen gerissen worden ist.

Er wollte nur kurz mit dem Auto weg, um einen Kasten Wasser zu holen, und wurde unverschuldet in einen tödlichen Verkehrsunfall verwickelt. Eine Verkettung unglücklicher Umstände hat dazu geführt, dass er von dieser alltäglichen Verrichtung nicht mehr nach Hause zurückgekommen ist. So schnell und grausam kann es gehen. Wahrscheinlich hat Ihr Ehemann und Vater das tödliche Unheil selbst gar nicht kommen sehen.

Ja, es stimmt, wie es in der Lesung geheißen hat: Das Leben schlägt manchmal schreckliche Wunden. Nicht nur in der Familie unseres Verstorbenen hat dieser Abend schmerzende Wunden gerissen, wohl auch im Leben des Unfallverursachers. Es ist nicht leicht zu verzeihen, dass jemand mit dem Auto einen anderen zu Tode gebracht hat – egal ob aus schuldhaftem Versagen, aus Unachtsamkeit oder als Folge tragischer Umstände. Es ist oft noch schwerer, sich selbst zu verzeihen.

Sie, liebe Familie *N.*, liebe Angehörige und Freunde von *N. N.*, Sie stehen da mit leeren Händen, weil Ihnen ein lieber Mensch entrissen worden ist – förmlich aus der Hand geschlagen –, mit all dem, was Sie mit ihm verbunden hat, was sein Leben ausgemacht und geprägt hat.

Der Ehemann, mit dem Sie 44 Jahre verheiratet waren. Der Vater zweier Kinder und Opa von fünf Enkeln, der immer für seine Familie da gewesen ist: verlässlich und treu und äußerst hilfsbereit; der auch in seiner erweiterten Familie – bei Geschwistern, Neffen und Nichten – zur Stelle war, wenn im Haus, am Auto oder bei einem Umzug eine helfende Hand gebraucht wurde – und das nur für ein Dankeschön.

Aus den Händen gerissen der Kfz-Meister und Fahrzeugtechniker *N. N.*, der im Fuhrunternehmen seines Vaters in *N.* groß geworden ist, der alles Motorisierte geliebt hat, der leidenschaftlich gerne Lastwagen gefahren ist, dem sein Beruf bei der Fahrzeugbaufirma *N.* zugleich Leidenschaft war, auch nach der Rente noch beim Ausliefern von Neufahrzeugen.

Aus unserer Hand geschlagen der leidenschaftliche Motorradfahrer, der diesem seinem großen Hobby gefrönt hat bei Touren durch den Bayerischen Wald und in den Alpen, und der die Freude daran auch seinen Kindern und Enkelkindern vermittelt hat; der im Skijöring dreimal Bayerischer Meister war. Der sich für sein Hobby und seinen Sport auch im Verein engagiert hat: bei den Enduro-Freunden *N.* und beim MSC *N.*, wo *N. N.* jahrzehntelang in der Vorstandschaft tätig war.

Aus der Hand geschlagen wurde uns der handwerklich geschickte Tüftler, als den viele unseren Verstorbenen erlebt haben, der sich vieles selbst beigebracht hat und der stolz war, wenn er ein scheinbar unlösbares Problem lösen konnte. Etwas nicht können, das gab es bei ihm nicht; dann wurde es halt probiert – und am Ende hat es geklappt.

Liebe Trauergemeinde, es erschreckt uns, dass all das nun nur noch Erinnerungen sind, dass wir von *N. N.* in der Vergangenheitsform reden müssen. Ein erfülltes, reiches Leben wurde an jenem schicksalshaften Dienstagabend Ihren und unseren Händen entrissen.

Wir stehen da mit leeren Händen, weil viele von uns in den Tagen seither nach Worten gesucht und gerungen haben, um zu begreifen, was da geschehen ist. Ein solcher Tod macht vor allem sprachlos und stumm. Und wenn uns Worte in den Sinn gekommen sind, dann nur die Frage: Warum? Warum musste so etwas Schreckliches passieren? Was kann solch ein Tod für einen Sinn haben?

Doch da lässt sich nichts verstehen und begreifen. Die Frage nach dem „Warum?“, darauf kann keiner Antwort geben. Nur so viel können wir vielleicht sagen: dass Gott so etwas sicher nicht will. Er will doch Leben für all seine Geschöpfe. Warum er dann trotzdem so Schreckliches zulässt, es nicht verhindert, das bleibt für uns ein dunkles Geheimnis. Auch wer an Gott glaubt, kann da nur in die Worte unseres Liedes einstimmen: Fremd wie dein Name, Gott, sind mir deine Wege.

Wir können Gott nur unsere leeren Händen entgegenstrecken, so wie wir das heute beim Gottesdienst tun: Unsere offenen Fragen, die Trauer, den Zorn – ihm all das hinhalten. Zu wem sollten wir sonst damit gehen? Wir tun es in der Hoffnung, dass Gott unsere Hände nicht ganz leer lassen wird. So wie es in unserer Lesung geheißen hat: „Kommt, wir kehren zum Herrn zurück! Denn er hat Wunden gerissen, er wird uns auch heilen; er hat verwundet, er wird auch verbinden.“

Das hat Ihr Ehemann, Ihr Vater und Schwiegervater, Ihr Bruder und Onkel wohl selbst so empfunden. Von dieser gläubigen Hoffnung, dass Gott die Verwundungen unseres Lebens heilen kann, spricht, dass er in den zurückliegenden Jahren nach seinen beiden Herzinfarkten und seiner Krebserkrankung jedes Mal zum Bogenberg gewallfahrtet ist, wenn die Krankheit überstanden war, um Gott seinen Dank abzustatten für die Heilung. Dorthin, zur Gottesmutter Maria auf den Bogenberg oder nach Altötting, hat *N. N.* auch sonst seine Sorgen im Gebet getragen. Auch die kürzlich erst gemachte Wallfahrt mit dem Motorrad nach Santiago de Compostela zeugt von seiner Ahnung, dass Gott unsere Hände auch dort noch füllen kann, wo unsere Möglichkeiten zu Ende sind.

Das, liebe Schwestern und Brüder, womit Gott unsere leeren Hände füllen kann, das ist wenig und viel zugleich. Wenig, wenn es darum ginge, den Schmerz möglichst bald zu besiegen und Antwort auf alle Fragen zu bekommen. Unser Glaube ist keine Wunderpille, die man schluckt, und dann wird alles gut. Er macht nichts ungeschehen oder löscht das Schreckliche spurlos aus. Der Glaube richtet unseren Blick auf nichts anderes als auf das Kreuz Jesu Christi. Da gibt es nichts zu verharmlosen. Am Kreuz hat Jesus die gleichen quälenden Fragen auszuhalten gehabt wie wir, hat die gleiche Verzweiflung gespürt. Und doch weist uns der Blick auf das Kreuz die Richtung auf eine Antwort in unserem Leid. Und das ist dann doch viel.

Manche Kreuzesdarstellungen zeigen Jesus am Kreuz so, dass das Kreuz am Querbalken gehalten und getragen wird von den Händen Gottes, des Vaters. Es ist ein Bild, in dem wir selbst mit unserem Leben vorkommen und das uns einen Schritt weiterbringen kann in unserem Suchen und Ringen nach einer Antwort. In diesem Bild, da wird für mich anschaulich: Noch im größten Leid und Schmerz sind wir gehalten von Gott. Er hält uns auch dann noch in seinen Händen. Seiner Hand kann uns nichts entreißen. Selbst im Tod sind wir gehalten von dem, der uns nie ganz fallen lässt. Das dürfen wir glauben für unseren verstorbenen Bruder *N. N.*, das darf ich Ihnen, liebe Angehörige, in Ihrer Trauer von Gott her zusprechen.

Gott nimmt nicht das Leid von uns, aber gerade mitten im Leid trägt er uns und hält er uns fest. Er hat bei Ihnen Wunden geschlagen, er wird auch heilen. Nein, Gott erfüllt leider nicht all unsere Wünsche, wie Dietrich Bonhoeffer einmal schreibt, aber er erfüllt an uns all seine Verheißungen. Diese Verheißung für unsere Verstorbenen haben wir im Evangelium gehört. Die Worte Jesu, des guten Hirten: „Ich gebe ihnen ewiges Leben. Sie werden niemals zugrunde gehen, und niemand wird sie meiner Hand entreißen."

Ölbergnächte

Ein hoffnungsvoller, sportlicher 31-jähriger Mann mit einem herzensguten, hilfsbereiten Wesen, aber mit einer leicht verletzbaren Seele, die ihn schon mehrmals in eine abgrundtiefe Lebenstraurigkeit gestürzt hatte, nahm sich einige Zeit, nachdem seine Beziehung auseinandergegangen war und er nur noch spärlichen Kontakt zu seiner daraus erwachsenen Tochter hatte, in einer neuerlichen depressiven Phase das Leben. Auch sein gläubiges Lebensfundament hat ihn nicht mehr die Kraft zum Weiterleben finden lassen.

Lesung: Hos 6,1–2.3bcd
Evangelium: Mt 26,30.36–46

Vor einigen Jahren war in den Kinos ein Oscar-gekrönter Film zu sehen mit dem Titel: „Das Leben ist schön." Um seinen Sohn vor der grausamen Realität des Lebens im Konzentrationslager zu bewahren, gaukelt ihm sein Vater vor, dies alles sei bloß ein groß angelegtes Spiel. Und wer am besten mitspielt, gewinnt am Ende einen Preis. „Das Leben ist schön" – das klingt wie das Programm eines weitverbreiteten, modernen Lebensgefühls. Das Leben hat schön und fröhlich zu sein. Leicht soll es gehen und Erfolge bringen. Es soll uns Genuss verschaffen. Die Werbe- und Medienwelt zeigt uns den gesunden und schönen Menschen, den glücklichen, erfolgreichen und immer fröhlichen. Das Leben ist schön. Immer nur lächeln! Alles wird gut!

Diese hoffnungsvolle, schöne Seite ist auch im Leben von *N. N.* zu entdecken. Nach seiner Schulzeit hat er eine Ausbildung zum Elektroinstallateur gemacht und diesen Beruf mit Freude ausgeübt. Er war ein sehr sportlicher, dynamischer junger Mann, Mitglied beim TSV *N.* Klettern und Mountainbikefahren waren seine bevorzugten Sportarten. Bei der Wasserwacht in *N.* hat er sich mit seiner herzensguten und hilfsbereiten Art stark engagiert. Viele Jahre hat er dort Schwimmkurse für Kinder abgehalten. Er ist gerne gereist, wollte etwas von der Welt sehen: nach Neuseeland, an den Gardasee, zum Skiurlaub ins

Gebirge. Mit seinen Freunden konnte er gesellig und lustig sein. Vor zwei Jahren beim Musikfest in *N.* hatte eine liebevolle Beziehung begonnen, aus der bald seine Tochter *N.* erwachsen ist. – Das Leben ist schön. Wir dürfen und sollen die schönen Seiten des Lebens genießen. Gott hat uns für das Leben erschaffen. Er hat uns seine Schöpfung anvertraut. Er will für uns Leben in Fülle.

Was aber, liebe Trauergemeinde, wenn das Leben nicht schön ist? Wenn das Leben schwer ist? Wenn es einem gar zur Last wird? Die scheinbare Leichtigkeit des Seins, das war nur die eine Seite der Realität im Leben Ihres Sohnes. Daneben gab es eine abgrundtiefe Lebenstraurigkeit, die ihn in Abständen überfallen hat und ihm das Leben schwer gemacht hat. *N. N.* war ein sehr einfühlsamer, friedfertiger Mensch mit einer dünnen, zartfühlenden Haut über seiner Seele. Darum sind ihm die harten Dinge des Lebens wohl sehr nahe gegangen. Bei seinem Zivildienst im Kinderheim in *N.* ist es das erste Mal zutage getreten. Wegen dieser Lebenstraurigkeit war er seither mehrmals in Behandlung.

„Kommt, wir kehren zum Herrn zurück. Denn er hat Wunden gerissen, er wird uns auch heilen", so haben wir den Propheten Hosea in der Lesung gehört. Ja, das Leben hat bei Ihrem Sohn, Ihrem Bruder, Neffen und Schwager, bei Ihrem Arbeitskollegen und Freund Wunden gerissen. Als Achtjähriger hat er miterleben müssen, wie seine Mutter nach jahrelangem Kampf gegen den Krebs gestorben ist. Das hat wohl tiefere Spuren in seiner Seele hinterlassen, als viele geahnt haben. Auskommen zu müssen mit dieser Traurigkeit in sich, wenn einem alles mühsam und beschwerlich wird, wenn man am eigenen Dasein leidet, das war eine unheilbare Wunde im Leben unseres Verstorbenen, die immer wieder aufgebrochen ist. Zuletzt hat ihm sehr zu schaffen gemacht, dass er mit seiner kleinen Tochter nach dem Auseinandergehen seiner Beziehung nur so spärlichen Kontakt haben konnte. Auch das eine Verwundung, die ihm das Leben geschlagen hat.

Nein, liebe Schwestern und Brüder, das Leben ist nicht immer schön. Täuschen wir uns nicht über diese Realität hinweg! Über seinen inneren Verwundungen, in den daraus entstandenen depressiven Phasen ist *N. N.* das eigene Leben zur Passion geraten. Doch darin, so meine ich, ist er besonders nahe am Herzen Jesu. Wir haben eben im Evangelium gehört, wie Jesus am Ölberg mit der Frage gerungen hat, ob er den Weg seiner Passion weitergehen soll. Lass diesen bitteren Kelch des Leidens an mir vorübergehen, so betet er. Und es heißt dort ausdrücklich: „Da ergriffen ihn Angst und Traurigkeit." Jesus kennt also die Angst und Traurigkeit, die Ihren Sohn, Ihren Bruder und Onkel geplagt haben. Er kennt sie aus eigenem Erleben. Er weiß, wie sich ein zu Tode betrübtes Herz anfühlt. Jesus kann darum wohl ganz gut mitfühlen, was in den letzten Tagen in *N. N.* vorgegangen ist, als ihn wieder so ein Schub erfasst hat.

Jesus hat sich am Ölberg im Gebet mit seinem himmlischen Vater schließlich durchgerungen, den Weg des Leidens dennoch weiterzugehen, sich auch im Leiden ganz in den Willen Gottes hineinzugeben. „Nicht mein Wille geschehe, sondern der deine", so kann er auch noch im tiefsten Leid beten. *N. N.* hat diese Kraft am Montag nicht mehr aufgebracht. „Geht das alles wieder von vorne los!", so hat er ein paar Tage davor zu Ihnen, seinem Vater, gesagt. Ein Satz, aus dem die ganze Mutlosigkeit und Verzweiflung spricht vor dem, was er da wieder als bitteren Leidensweg auf sich hat zukommen sehen. Er hat für sich einen anderen Weg gewählt. Er hat seinem inneren Leiden und damit seinem Leben selber ein Ende gesetzt.

Anders als bei Jesus am Ölberg hat ihn offenbar auch der Glaube an Gott davon nicht mehr abhalten können und ihm nicht die Kraft gegeben, seinen Weg weiterzugehen. Dieser Glaube, in den er durch seine Familie hineingewachsen ist und in dem er als Ministrant gut beheimatet war, er hatte seine grundlegenden Einstellungen zum Leben und sein Handeln geprägt. Oder war es vielleicht gerade die Hoffnung auf Gott, auf Erlösung bei ihm, die ihm schließlich den Tod verlockender erscheinen hat lassen als dieses Leben? Im Tod zurückzukehren zu Gott, in der Hoffnung, dass bei ihm seine Lebenswunden geheilt werden. So wie es Hosea mit seinem Wort andeutet: „Kommt, wir kehren zum Herrn zurück. Denn er hat Wunden gerissen, er wird uns auch heilen." – Wir wissen es nicht.

Liebe trauernde Angehörige, auch wenn es uns schwerfällt zu verstehen, warum Ihr Sohn, Ihr Bruder und Schwager, euer Mitschüler und Vereinskamerad keinen anderen Weg mehr für sich gesehen hat, ich bin mir sicher, Jesus kann mit ihm mitfühlen, was ihn geplagt hat. Und er wird ihn deshalb liebevoll in seine Arme schließen. So wie er es einmal vor seinen Jüngern gesagt hat: „Kommt alle zu mir, die ihr euch plagt und schwere Lasten zu tragen habt. Ich werde euch Ruhe verschaffen."

Denn das ist unser Glaube: dass Christus gekommen ist, alle Leidenden aufzurichten – auch durch den Tod hindurch. Darum hat er selbst gelitten. Darum ist er dem Leiden in jener Ölbergnacht nicht ausgewichen. Und sein Leiden ist uns zum Heil geworden. In Christus hat sich für uns erfüllt, was Hosea in prophetischer Vorausschau auf Ostern angekündigt hat: Gott wird unsere Wunden heilen – die Verwundungen im Leben von *N. N.* und genauso die Wunde, die sein Tod in die Herzen von Ihnen, seinen Angehörigen und Freunden, reißt. „Nach zwei Tagen gibt er uns das Leben zurück, am dritten Tag richtet er uns wieder auf, und wir leben vor seinem Angesicht."

In dieser österlichen Zuversicht nehmen wir heute Abschied von unserem Verstorbenen: dass Christus ihn teilhaben lässt an seinem österlich verklärten Leben. Von diesem neuen Leben wird uneingeschränkt gelten: Das Leben ist schön.

Wenn alles in Scherben liegt

Ein 49-jähriger Polizist, dessen Leben in Familie und Beruf nach außen hin perfekt schien, war innerlich umgetrieben von der Suche nach seinem Lebensglück. In einer neuen Beziehung, derentwegen er seine Familie verlassen, aber weiterhin gut für sie gesorgt hatte, glaubte er zunächst, dieses Glück gefunden zu haben. Als sich das erhoffte Glück auch dort nicht erfüllte, nahm er sich mit seiner Dienstwaffe in einem Waldstück das Leben. Seine Kollegen haben ihn nach zweitägiger Suche tot aufgefunden.

Lesung: Jes 64,6b–11
Evangelium: Lk 4,16–21

„Glück und Glas, wie leicht bricht das!", so sagen wir mit einem Sprichwort. Und da ist viel Wahres dran. Ein Leben lang sind wir auf der Suche nach dem Glück. Und wie leicht zerbricht es uns. Dann bleiben nur mehr Scherben zurück. Das müssen Sie, liebe Familie *N.*, in diesen Tagen auf ganz schmerzhafte Weise erleben.

„Es hätte alles so schön sein können", so haben Sie, Frau *N.*, es bei unserem Gespräch formuliert. Und von außen betrachtet war im Leben von *N.* doch alles da für ein glückliches Leben. Nach dem Abschluss der Realschule hat er zunächst bei der Firma *N.* in *N.* eine Ausbildung zum Nachrichtengerätemechaniker gemacht und ist danach zur Polizei gegangen. In seinem Beruf, unter den Kollegen, da war er geschätzt und anerkannt. Er hatte eine nette Familie mit einer liebevollen Ehefrau und den beiden fast erwachsenen Töchtern *N.* und *N.*, mit denen er sich gut verstanden hat. Freilich gab es hier und dort Reibereien, wie das halt zwischen Vater und heranwachsenden Töchtern so ist. Aber das hat sich eingeordnet in ein grundsätzlich gutes, liebevolles Verhältnis.

Zusammen mit seiner Familie und unter tatkräftiger Mithilfe seines Vaters hat *N. N.* in *N.* das eigene Haus gebaut. Er hatte Hobbys, die ihn in seiner Freizeit ausgefüllt haben: beim Spazierengehen mit dem Hund, im Sport beim Wandern, beim Joggen, beim Radfahren oder bei der Gartenarbeit in seinem geliebten Treibhaus. Ihr Ehemann und

Vater, Ihr Sohn, Ihr Bruder und Schwager war immer aktiv, in Bewegung, mochte etwas tun, etwas anpacken. Einmal im Jahr wurde mit der ganzen Familie in Urlaub gefahren. Für seine Familie hat er wirklich gut gesorgt; auch noch nach seinem Weggehen aus der Familie. „Es hat uns an nichts gefehlt", so haben Sie, Frau *N.*, es bei unserem Gespräch auf den Punkt gebracht. Auch für seine Mutter hat er viel getan; vor allem in den letzten Jahren, nachdem sein Vater verstorben war, hat er Ihnen, Frau *N.*, sehr geholfen, Haus und Garten weiterhin zu versorgen. Es war doch wirklich alles da für ein glückliches Leben.

Und doch hat *N. N.* anscheinend etwas gefehlt zum Glücklichsein. Nicht nur äußerlich war er immer umtriebig. Auch in seiner Seele war da offensichtlich eine Unruhe, die ihn nach etwas suchen hat lassen. Seit längerer Zeit hatte er geglaubt, dieses Glück in einer neuen Beziehung gefunden zu haben. Aber anscheinend hat auch das seine Suche nach dem Glück nicht zur Ruhe kommen lassen. Irgendetwas ist ihm abgegangen, etwas, das er nicht gefunden hat. So sehr, dass er nicht mehr weiterleben wollte, dass er für sich diesen letzten verzweifelten Schritt gewählt hat. Was es war, an dem er innerlich zerbrochen ist, das wird für uns eine offene Frage bleiben. Wir können darüber nur spekulieren.

Bei so einem tragischen Geschehen, liebe Schwestern und Brüder, da wird uns die ganze Gebrochenheit unserer menschlichen Existenz bewusst. „Alles, was uns lieb war, liegt in Trümmern", so haben wir vorhin in der Lesung gehört. Ein Satz, dem Sie, liebe Familie *N.*, wohl aus ganzem Herzen zustimmen können. Das ist es, was Sie und alle, die unserem Verstorbenen nahegestanden haben, in diesen Tagen fühlen. Da ist etwas zu Bruch gegangen; mehr als *ein* Menschenleben. Wir stehen heute vor einem Scherbenhaufen.

Doch Gott kann auch in den Scherben unserer menschlichen Existenz noch das Ganze sehen. Das ist die tröstliche Botschaft unseres Glaubens. Wie sich bei einem zerbrochenen Spiegel noch in jeder einzelnen Scherbe die ganze Sonne spiegelt, so sieht Gott in jedem Menschen sein geliebtes Geschöpf, und zwar auch dann, wenn durch Schuld und Versagen in die Brüche gegangen ist, wie Gott sich diesen Menschen eigentlich gedacht hatte. Das ist es, was wir für unseren Verstorbenen glauben dürfen.

Denn das ist doch gerade mit Erlösung gemeint. Dass wir auch mit den Scherben unserer Existenz und unserer Schuld zu Gott kommen dürfen. Dass er heilt, was wir nicht heilen oder wiedergutmachen können. Das ist die befreiende Botschaft von der Erlösung, die uns Jesus gebracht hat. In der Taufe ist unserem Verstorbenen diese Erlösung geschenkt worden, und er hat sie im Glauben angenommen. Das möge Gott nun an ihm einlösen. Erlösung, das heißt: Nicht wir müssen abarbeiten, was wir schuldig sind. Nicht wir müssen kitten, was durch eigenes Versagen in die Brüche gegangen ist. Wir dürfen all das Jesus Christus überlassen, es bei ihm abgeben. Er wird das für uns bei Gott tun. Denn dazu, so sagt Jesus, ist er in die Welt gekommen. Wir haben es vorhin als Evangelium aus seinem eigenen Mund gehört: „Der Herr … hat mich gesandt, damit ich den Armen eine gute Nachricht bringe, … damit ich die Zerschlagenen in Freiheit setze und ein Gnadenjahr des Herrn ausrufe."

So dürfen wir uns heute mit der Armut, die wir über dem so schrecklichen Aus-dem-Leben-Gehen von *N. N.* in unserem Innern spüren, wir dürfen uns damit in die Arme Jesu flüchten, damit er die Wunden unseres Herzens heilt, das, was da an Lebenshoffnungen zerschlagen worden ist und in Trümmern liegt, wieder aufrichtet. Und in seinen Armen dürfen wir auch unseren Verstorbenen selber wissen. Dass Christus ihn in seiner Verzweiflung in die Arme geschlossen hat. Denn Jesus kennt die Nöte eines unruhig nach Glück suchenden Menschenherzens am allerbesten, eines Herzens, von dem der hl. Augustinus einmal schreibt: „Unruhig ist unser Herz, bis es Ruhe findet in dir, o Gott." Dass Ihr Sohn, Ihr Mann und Vater, Ihr Kollege diese Ruhe des Herzens gefunden hat, darum beten wir heute für ihn.

Heimgetragen vom guten Hirten

Ein 60-jähriger, als sehr gesellig bekannter Gastwirt und Musiker mit Eheproblemen und dauernden Schmerzen geriet immer tiefer in eine depressive Grundstimmung. Tageweise ging er allen Menschen aus dem Weg und mochte keinen Schritt mehr in die Gaststube tun. Weil er schon so oft davon gesprochen hatte, dass er sich etwas antun wolle, hat es niemand mehr ernst genommen. In einem unbeobachteten Moment hat er sich schließlich doch im Hausflur erhängt. Von seiner Mutter wurde er dort gefunden. In seiner seelischen Not hat er viel gebetet. In allen seinen Taschen befanden sich – beinahe talismanartig – Rosenkränze. Im Ort war die Frage virulent, wie Gott mit einem umgeht, der sich selber das Leben genommen hat.

Lesung: 1 Kön 19,4–8
Evangelium: Mt 11,28–30

Ich war am Freitagvormittag in unserem Kindergarten zu Besuch. Zusammen mit den Kindern haben wir dieses wunderbare Bild vom guten Hirten angeschaut *(Folie des Bildes von Sieger Köder, „Der gute Hirte", mit dem OH-Projektor zeigen).* Wir haben gerade darüber gesprochen, wie liebevoll dieser Hirte mit seinem verlorenen und wiedergefundenen Schaf umgeht. Wie zärtlich und verständnisvoll er es an sich drückt und auf seinen Schultern heimträgt. So wie dieser Hirte mit seinem Schaf – so sagt Jesus –, so geht Gott mit uns um.

Mitten aus diesem Gespräch mit den Kindern heraus bin ich ans Telefon gerufen worden: Ich solle ins Café *N.* kommen, *N. N.* habe sich was angetan. An dieses Bild vom guten Hirten, das wir genau zu der Zeit betrachtet haben, als Ihr Sohn, Ihr Vater endgültig nicht mehr leben wollte, an dieses Bild musste ich denken, als mich wenig später jemand gefragt hat, was denn jetzt mit *N. N.* sein wird, wie Gott wohl mit jemandem umgeht, der seinem Leben selbst ein Ende gesetzt hat.

Ich bin fest überzeugt davon: genau so! Genau so wie dieser Hirte auf unserem Bild mit seinem Schaf. Ich glaube, dass Christus unseren verstorbenen *N. N.*, den *N.*, wie ihn alle bei seinem Spitznamen ge-

nannt haben, in seinem Sterben genauso zärtlich und verständnisvoll in seine Arme geschlossen hat wie dieser Hirt sein Schaf.

Wie weit Gottes Verständnis mit uns geht, seine Liebe und auch sein Verzeihen, das hat ein mittelalterlicher Steinmetz an einer der Säulen in der Klosterkirche von Vézelay in Burgund in Stein gehauen, wo er das Schicksal des Judas abgebildet hat, jenes Jüngers, der Jesus verraten hat. Das erste Bild zeigt den Tod des Judas, der sich aus Verzweiflung über seine Tat das Leben nimmt. Daneben ist auf einem zweiten Bild Jesus als der gute Hirte dargestellt. Er hat sich den toten Leib seines Verräters um die Schultern gelegt wie ein verloren gegangenes Schaf, um auch diesen Jünger heimzutragen ins ewige Leben. Ein wunderbares Glaubensbekenntnis zur grenzenlosen Liebe Gottes, das der Bildhauer da in Stein gehauen hat. So sehr blickt Gott uns ins Herz und in die Seele, dass er sogar noch die Tat des Judas versteht und verzeiht. Gott hat ein Wissen um das Innerste eines Menschen, über das wir nicht verfügen. Er kennt unsere innersten Nöte und sieht uns bis auf den Grund unserer Seele. Dorthin, wo unsere Ängste verborgen liegen und unsere innere Trauer, unsere seelischen Belastungen, die sonst niemand zu sehen bekommt.

Hat nicht Christus selbst gesagt: „Kommt alle zu mir, die ihr euch plagt und schwere Lasten zu tragen habt, ich werde euch Ruhe verschaffen"? Das Leben ist nicht immer nur leicht und schön. Das Leben kann auch zu einer Last werden, manchmal zu einer schier erdrückenden Last. Ihrem verstorbenen Sohn und Vater war das Leben in den letzten Monaten zu einer schweren Bürde geworden. Dass er sich mit seinem Leben herumplagt, das konnte jeder sehen, der ihm begegnet ist.

Dabei war er eigentlich ein lebenslustiger, froher Mensch. Sein Spitzname *N.* hat das in einem Wort ganz treffend eingefangen. Dieser Name passte zu ihm. Und das schöne Foto, das Sie für sein Sterbebildchen ausgesucht haben, ist typisch für ihn. Es zeigt ihn genau so, wie er war: ein Musiker durch und durch, wenn er mit seiner Ziehharmonika aufgespielt hat. Ein geselliger Mensch: als Mitglied in zahllosen Ortsvereinen und natürlich als Wirt, der gerne seine Gäste unterhalten hat, der sich zu ihnen an den Tisch gesetzt hat, der in der Gaststube mit der Quetschn aufgespielt hat und am Stammtisch mit Karten gespielt hat. So kannte man den *N.* Und so mochten ihn viele: als ehrlichen, guten Menschen. Als Bäckermeister und mit seinem Café hatte er sich eine gesicherte Existenz aufgebaut.

Aber tief in ihm drin, da war ihm in den letzten Monaten immer weniger zum Lachen. Da ist ihm manches unsicher geworden. Dunkelheit hatte sich in seiner Seele breitgemacht. Das Alleinsein nach der Scheidung von seiner zweiten Frau hat ihm sehr zugesetzt. Darunter hat er sehr gelitten. Andererseits ist ihm der Kontakt zu anderen Menschen immer schwerer gefallen. Ein Teufelskreis, aus dem er nicht herausgekommen ist. Dazu die körperlichen Probleme: dauernde Schmerzen und nicht mehr schlafen zu können, seine Angst, dass er Krebs haben könnte. Alles das hat ihm das Leben zu einer Last werden lassen, hat ihn seinen inneren Halt verlieren lassen.

In den letzten Jahren hatte Ihr Sohn diesen inneren Halt immer stärker in Gott gesucht. Sie, liebe Frau *N.*, haben mir erzählt, dass er viel persönlich gebetet hat. Der Rosenkranz war fast talismanartig in allen seinen Taschen zu finden. Zuletzt ist er regelrecht mit einem großen Kreuz neben sich ins Bett gegangen. An ihn, seinen Herrgott, wollte er sich halten – immer schon, und ganz besonders jetzt in seiner inneren Not, ganz handgreiflich. Aber auch diesen Halt bei Gott hat er schließlich nicht mehr gespürt. Vor ein paar Tagen, so haben Sie mir erzählt, hat er einmal ganz verzweifelt gesagt: „Der Herrgott hilft mir auch nicht mehr." *N. N.* war offensichtlich an einem Punkt angelangt, wo er für sich keinen Halt und keinen Ausweg mehr gesehen hat, wo er nicht mehr konnte und nicht mehr wollte und sich nur noch den Tod wünschte.

Darin erinnert er mich an den Propheten Elija, von dem wir in der Lesung gehört haben. Als Prophet hatte er sich aufgerieben im Einsatz für seinen Gott, hatte er Erfolg. Aber eines Tages beginnen die Zweifel in ihm aufzusteigen: Wozu das alles? Was habe ich schon erreicht? Er kann und will nicht mehr. Schließlich setzt er sich, enttäuscht und mutlos geworden, unter einen Ginsterstrauch. Er wünscht sich nur noch den Tod: „Nun ist es genug, Herr. Nimm mein Leben!" Ich glaube, Ihr Vater, Ihr Sohn hätte diesen Satz mit einem tiefen Seufzer aus ganzem Herzen mitgesprochen.

Dem Elija wurde ein Engel geschickt, der ihn aufrichtete und stärkte: „Steh auf und iss, sonst ist der Weg zu weit für dich", so redete ihm der Engel zu. Und Elija bekam allmählich wieder Kraft und Mut, seinen Weg doch weiterzugehen. Viele haben versucht, unserem Verstorbenen dieser rettende Engel zu sein – Sie, liebe Angehörige, genauso wie Verwandte und Freunde –: ihn aufzufangen in seiner Verzweiflung, ihn wieder aufzubauen, ihn auf andere Gedanken zu bringen, ihm wieder Mut zum Leben zu machen. All ihr gutes Zureden, ihre Worte und Hilfsangebote haben seine verdüsterte Seele letztlich nicht mehr erreicht. So sehr Sie es alle versucht haben, ihm dabei zu helfen, ihn zu stärken, er konnte und wollte nicht mehr aufstehen.

Der Weg zurück ins Leben war *N. N.* einfach zu weit geworden; für das Weitergehen haben ihm die körperliche und vor allem die seelische Kraft gefehlt. So hat er für sich diesen verzweifelten Ausweg gewählt und sich am Freitag buchstäblich fallen lassen.

Mich tröstet dabei ein Wort von Arno Pötzsch: „Du kannst nicht tiefer fallen als in Gottes Hand, die er zum Heil uns allen barmherzig ausgespannt." Und der Blick geht auf unser Bild vom guten Hirten. Es sagt mir: Wenn du zu schwach geworden bist zum Weitergehen, dann ist immer noch einer da, der dich trägt: Christus, unser guter Hirte.

Das ist es, was ich für unseren verstorbenen *N. N.* erhoffe und glaube: dass er in Gottes barmherzig ausgespannte Hand gefallen ist; dass ihn Christus in seinem verzweifelten Sterben aufgefangen hat; dass er ihn mit einem verständnisvollen Blick des Verzeihens an sich drückt und ihn, dem das Weitergehen zu schwer geworden ist, auf seinen Schultern hinüberträgt auf die ewige Weide im Himmel und ihm dort die Ruhe und den Frieden verschafft, die er hier nicht mehr gefunden hat.

Ansprachen in besonderen Situationen

Einfach gelebt, auch wenn das Leben nicht einfach war

Der 41-jährige Gemeindearbeiter brach während der Arbeit im Wertstoffhof zwischen den Altpapiercontainern tot zusammen. Der Notarzt versuchte ihn zu reanimieren, konnte ihn aber nicht mehr ins Leben zurückholen. Der Verstorbene wie auch seine ortsansässigen Geschwister stammen aus schwierigen sozialen Verhältnissen. Nach einem Leben, durchzogen von vielen Abstürzen, hatte er die Chance als Gemeindearbeiter genutzt und wollte diese auf keinen Fall verspielen. Seine fleißige, zupackende Hand und seine hilfsbereite Art wurden von vielen geschätzt.

Lesung: Weish 11,23 – 12,1
Evangelium: Joh 10,10b.14–15.27–29

Der so plötzliche und unerwartete Tod Ihres und unseres Bruders *N.* lässt uns still werden, besonders in diesem Moment des endgültigen Abschieds. Buchstäblich mitten aus der Arbeit ist er vom Tod herausgerissen worden. Keiner hat es gesehen, wie ihn zwischen den Containern der plötzliche Herztod ereilt hat. Als Sie, seine Arbeitskollegen, ihn wenig später gefunden haben, war es schon zu spät. So geht das manchmal: Früh geht man aus dem Haus, abends kehrt man nicht mehr heim.

Es war ein stilles und heimliches Sterben am Freitagvormittag draußen am Bauhof. Irgendwie passt diese unauffällige Art zu gehen zu Ihrem Bruder. Er war keiner, der viel Aufhebens um sich gemacht hat; ein einfacher, aber bereitwilliger und hilfsbereiter Typ. Bisweilen ist er damit auch ausgenutzt worden, weil er sich in unserer komplizierten Welt nicht so gut zurechtfand wie die meisten anderen.

Gesagt hat er wenig, geklagt schon gar nicht. Er hat lieber ohne viel Worte mit angepackt: bei der Arbeiterwohlfahrt etwa, wo er 15 Jahre lang aktiv mitgeholfen hat und immer da war, wenn es etwas zu tun gab, oder im SPD-Ortsverein. Überhaupt fühlte er sich wohl in Gemeinschaft. Die Geselligkeit am Stammtisch und in den Vereinen hat er genossen. Bei den Wanderfreunden und ganz besonders beim

Schützenverein, wo er jahrelang das Amt des Fahnenträgers ausgeübt und sich auch sonst sehr engagiert hat. Seine fleißige, zupackende Hand und seine hilfsbereite Art werden viele vermissen. Denn mit seiner einfachen und bescheidenen Art haben ihn viele gemocht.

Vielleicht könnte man das Leben von *N. N.* so zusammenfassen: Er hat einfach gelebt – sehr einfach sogar –, auch wenn er wahrlich kein einfaches Leben hatte. Von seinem Elternhaus her hatte er keinen leichten Start ins Leben mitbekommen. Er wurde mit manchen unsichtbaren Hypotheken belastet auf die Lebensreise geschickt. Dass er keine Partnerin gefunden hat, die zu ihm gestanden hat, kam dazu. Dann schon in jungen Jahren sein schwer mitgenommenes Herz, wodurch er seine Arbeit auf dem Bau verloren hat; danach die Arbeitslosigkeit.

Manchmal wurde ihm das alles einfach zu viel, dann hat unser Verstorbener seine Abstürze erlebt und sich gehen lassen. In solchen Zeiten war nicht gerade leicht mit ihm umzugehen. Aber er hat sich – auch durch die Hilfe von echten Freunden – immer wieder hochgerappelt.

Gerade in letzter Zeit, seit er die Chance als Gemeindearbeiter bekommen hatte, ist er richtig aufgeblüht. Diese Chance wollte er auf gar keinen Fall verspielen. Dafür hat er sich richtig ins Zeug gelegt und am Riemen gerissen. Ganz stolz war er, wenn er eine Arbeit zur Zufriedenheit und schneller, als alle dachten, erledigt hatte. Die Freude über die Hochzeit seiner Schwester *N.* Anfang September und der gute Kontakt zu seinem Patenkind *N.* haben das Ihre dazu beigetragen, dass sein Leben wieder in geordneten Bahnen lief. Vor ein paar Tagen erst hat er erfahren, dass er von der Gemeinde als Arbeiter weiter übernommen wird. Es schien so, als hätte er sein Leben nun endgültig in den Griff gekriegt. Und jetzt dieser plötzliche, frühe Tod. Das Leben kann so gemein sein!

Liebe Geschwister *N.*, liebe Schwestern und Brüder, Gott schaut nicht auf Äußeres, das, was vor den Augen der Menschen ist. Mit Äußerem konnte unser Verstorbener nicht glänzen. Gott schaut uns ins Herz, so heißt es in der Bibel. Er schaut heute Ihrem verstorbenen Bruder direkt ins Herz. Und nach allem, was wir von ihm wissen, wird Gott dabei ein gutes Herz entdecken: einen einfachen, lieben Kerl, unverstellt und ohne Falsch – einen, wie Gott sie besonders gern mag.

Christus, so haben wir im Evangelium gehört, kennt die Seinen, und die Seinen kennen ihn. Er kennt Ihren Bruder durch und durch. Er kennt seine Lebensgeschichte und er weiß auch um seine Belastungen. Darum bin ich mir ganz sicher, dass Gott über die schwierigen Phasen, die es im Leben unseres Verstorbenen gab, hinwegsehen wird. Gott ist keiner, der das Haar in der Suppe sucht, sondern er schaut auf das Ganze eines Lebens. So wie es in der Lesung geheißen hat: „Herr, du Freund des Lebens, du hast mit allen Erbarmen … und siehst über die Sünden der Menschen hinweg. Du schonst alles, weil es dein Eigentum ist."

Unser Verstorbener war Gottes Eigentum, eines seiner geliebten Kinder; vielleicht sogar eines, das er besonders gern hatte, weil Gott ein Freund der Einfachen und Kleinen ist. In der Taufe ist Ihr Bruder *N.* zum besonderen Eigentum Christi geworden. Wir dürfen deshalb die trostvollen Worte aus dem Mund Jesu auch auf Ihren verstorbenen Bruder beziehen: dass diejenigen, die zu ihm gehören, niemals zugrunde gehen werden, weil sie niemand seiner Hand entreißen kann – nicht einmal der Tod; dass Christus denen, die der Vater ihm gegeben hat, ewiges Leben schenken wird.

Daran wollen wir uns in dieser Stunde des Abschiednehmens halten und uns damit trösten: dass er, Christus, unserem verstorbenen Bruder *N. N.* ins Herz schaut, dass er sein gutes Herz sieht und ihm jetzt in der Ewigkeit die Fülle des Lebens schenkt. Denn dazu, sagt Christus, bin ich gekommen: „damit sie das Leben haben und es in Fülle haben". Ein erfülltes Leben, von dem unser Verstorbener in dieser Welt nicht gerade eine große Portion abbekommen hat. Möge ihm jetzt umso mehr von diesem Leben in Fülle, das nur Gott geben kann, vergönnt sein. Möge sein Leben, das in den letzten Monaten so hoffnungsvoll aufzublühen begann, jetzt im Himmel seine volle Blüte entfalten.

Manchmal muss das Leben wehtun

Aus bäuerlichen Verhältnissen einer ländlichen Gemeinde stammend, zog es den Verstorbenen immer schon in die Stadt. Als Gastronom und schließlich als Betreiber mehrerer Nachtlokale hat er sich in der Szene einen Namen gemacht. Immer wieder kam er gerne an den Ort seiner Kindheit zurück. Hier wurde er nun begraben, nachdem er 52-jährig an Krebs gestorben war. Zum Requiem sind neben den Angehörigen zahlreiche Personen aus dem Rotlichtmilieu versammelt. Ob oder wie stark der Verstorbene selbst aktiver Teil dieser Szene war, blieb unklar.

Lesung: Eph 2,4–8
Evangelium: Mk 16,1–7

In den zurückliegenden Monaten ist im Radio ganz oft das Lied „Gib mir Sonne" von der Band „Rosenstolz" gelaufen. Die meisten von uns haben es vermutlich noch im Ohr. Ich denke, auch unser Verstorbener, *N. N.*, wird es wohl gekannt haben. Ich könnte mir vorstellen, dass es auch in seinem Lokal in *N.* immer wieder gespielt worden ist. Eine Textzeile in diesem Lied heißt: „Manchmal muss das Leben weh tun. Nur was weh tut, ist auch gut." Dieser Satz – noch dazu in einem Popsong – klingt merkwürdig. Wir wünschen uns doch ein Leben ohne Leid und Schmerz. Aber wenn wir nur etwas in die Tiefe denken, spüren wir doch die tiefe Wahrheit über unser menschliches Leben, die in dieser Textzeile steckt. Ein Leben ohne Leid – so sehr wir uns das wünschen würden – ist nicht das wirkliche Leben. Echtes, wahres menschliches Leben ist immer auch mit Schmerzlichem verbunden. Selbst die Liebe, von der dieses Lied singt, weiß um diese Erfahrung, wie sehr Schönes und Leidvolles oft ineinander verwoben sind. Das ist auch im Leben Ihres Vaters, Ihres Lebensgefährten und Bruders nicht anders.

Zu den schönen Seiten seines Lebens zählen die unbeschwerte, schöne Kindheit mit seinen neun Geschwistern auf dem Hof in *N.*, seine Liebe zu Autos und Motoren, sicher auch sein beruflicher Erfolg: zunächst als Landmaschinenmechaniker und seit gut 20 Jahren als Betreiber verschiedener Nachtlokale in *N.* In der Szene hatte *N. N.* einen guten Namen als erfolgreicher Geschäftsmann. Ob es auch vor Gott gut war, womit er sein Geld verdient hat, das weiß ich nicht zu sagen. Auch sein großer Freundeskreis und die Geselligkeit und die Hilfsbereitschaft, die er darin praktiziert hat, ebenso wie sein familiäres Gespür gehören zu den Sonnenseiten im Leben unseres Verstorbenen.

Aber das Leben hat *N. N.* auch weh getan. So zum Beispiel vor Jahren, als er in einen schweren Autounfall verwickelt wurde, bei dem ihm ein Unterarm abgetrennt wurde, der von den Ärzten nur durch langwierige Behandlungen und Operationen wieder hergestellt werden konnte. Seit drei Jahren kam eine Tumorerkrankung hinzu – eine Zeit, in der Ihr Vater und Bruder viel zu leiden hatte. Er hat dagegen gekämpft, hat zwei Tumore besiegt. Der dritte Tumor und noch ein Herzinfarkt dazu waren schließlich zu viel. Am Samstag ist er daran gestorben, mit nur 52 Jahren. Sein Tod schmerzt sehr.

Ja, das Leben kann manchmal wehtun. Aber nicht nur das Leben uns, manchmal hat *N. N.* wohl auch anderen wehgetan: beim Auseinandergehen Ihrer Beziehung etwa, bei mancher Härte vielleicht, die er als Geschäftsmann trotz seines Bemühens um Fairness an den Tag gelegt hat. Ihr Bruder, so haben Sie ihn mir beschrieben, war ein „rauer Binken"[2] mit einem weichen Kern. Sein Wort hat gegolten. Wenn er sich jemanden zum Freund gemacht hatte, dann war das eine dicke, belastbare Freundschaft. Aber das Gleiche galt auch umgekehrt bei einer Gegnerschaft. An einem „rauen Binken" kann man sich eben auch leicht einen „Schiefing"[3] einziehen.

Liebe Trauergemeinde, liebe Schwestern und Brüder, Gott als Schöpfer unseres Lebens weiß ganz genau um diese Mischung aus Schönem und Leidvollem, aus Gelingen und Versagen. Er weiß um Höhen und Tiefen in unserem Leben. Er kennt unseren guten Willen und unsere Schwächen; das, was wir geleistet haben, und das, was wir schuldig geblieben sind. Er beurteilt uns aber nicht einfach nach dem geleisteten Guten. Wir können uns den Himmel nicht verdienen. Er bleibt immer sein Geschenk. „Aus Gnade seid ihr durch den Glauben gerettet", schreibt der Apostel Paulus in der Lesung, „nicht aus eigener Kraft."

2 „Binken" = niederbayerischer Ausdruck für ein knorriges, mit vielen Astlöchern durchsetztes Holzscheit.

3 „Schiefing" = niederbayerischer Ausdruck für einen Holzsplitter.

Auch *N. N.* wird da – wie jeder von uns – auf die Barmherzigkeit Gottes angewiesen sein. Darum beten wir im Hochgebet der Eucharistie, dem Zentrum der Messe, immer wieder: „Wäge nicht unser Verdienst, sondern schenke gnädig Verzeihung und gib uns … das Erbe des Himmels."

Den Glauben an diesen Himmel, an Gott als den Ursprung und das Ziel unseres Lebens hat Ihr Vater, Ihr Lebensgefährte und Bruder in sich getragen, auch wenn er ihn, seinem Naturell entsprechend, nach außen hin nicht so gezeigt hat. In solchen Herzenssachen war er eher verschlossen, so wie er auch sonst vieles mit sich allein ausgemacht hat. Aber gerade in der Zeit der Krankheit sind ihm die Fragen nach Gott und nach dem Glauben, der in ihm von Kindheit an grundgelegt war, wieder wichtiger geworden. Diesem Gott des Lebens empfehlen wir ihn heute.

Liebe Trauerfamilie, liebe Schwestern und Brüder, in unserem Leben bleibt uns Schweres nicht erspart. Es gehört mit zum Leben dazu; fast wie ein Ausweis seiner Echtheit. So sehr, dass die Band „Rosenstolz" in ihrem Lied den paradox klingenden Satz singen kann: „Nur was wehtut, ist auch gut." Auch Gott erspart uns das Schwere im Leben nicht. Da müssen wir mit unserem Leben durch. Schon bei unserer Geburt war das so. Auch das war ein schmerzhafter Vorgang, hinter dem uns doch ein wunderbares Leben erwartet hat. So wird das auch bei unserem Tod sein. Durch all das Schmerzliche im Leben, durch unseren Tod hindurch rettet Gott unser Leben.

Das ist das Geheimnis von Ostern. Mit Christus verbunden, finden wir durch den Tod hindurch neues, ewiges Leben. Das dürfen wir auch für Ihren Vater, Ihren Lebensgefährten und Bruder glauben: dass für ihn jetzt alles gut ist; dass er nach dem Dunkel von Krankheit und Sterben nun die Sonne der Auferstehung sehen darf. Seit Ostern, seit der Auferstehung Jesu, leuchtet uns diese Sonne des ewigen Lebens, sodass wir auch angesichts des Todes nicht verzweifeln müssen, sondern dennoch bekennen können, so wie es auch die Band „Rosenstolz" in ihrem Lied tut: „Hier kommt die Sonne, hier kommt das Licht. Siehst du, die Farben kommen alle zurück." Dieses Licht der Auferstehung möge unserem verstorbenen Bruder im Glauben nun leuchten.

Durst nach Leben

Ein 66-jähriger alkoholkranker Bierbrauer, dessen Lebensgeschichte voller Brüche und Verwerfungen war, starb an Krebs. Von seiner Familie getrennt, fand er Anschluss und Unterschlupf auf dem Hof einer verwitweten, alten Landwirtin.

Lesung: Offb 21,1–5a.6b–7
Evangelium: Joh 4,5–14

Die Lesung, die wir gerade gehört haben, ist aus dem letzten Buch der Bibel genommen: der Offenbarung des Johannes, oder – wie es auch genannt wird – der Apokalypse. Dieser Name ist weithin zu einem Synonym geworden für ein Schreckensbild. Enthält doch dieses letzte Buch der Bibel tatsächlich schreckliche Visionen vom Untergang der Welt, von bevorstehenden Drangsalen und Plagen, die über die Menschen kommen werden, wenn die Welt an ihr Ende kommt. Ein Buch – so ist der vorherrschende Eindruck – mit sprichwörtlich gewordenen apokalyptischen Schrecken.

Doch am Ende dieses über weite Strecken düsteren Buches stehen jene tröstlichen Zeilen, die wir vorhin als Lesung gehört haben. In seiner Herzmitte trägt dieses letzte Buch der Bibel ein Hoffnungsbild. So dunkel, so schwer, so schrecklich es in diesem apokalyptischen Buch auch zugehen mag, am Ende bricht unaufhaltsam und strahlend die neue Welt Gottes hervor; nichts und niemand wird sie aufhalten. Dürfen wir das im übertragenen Sinn nicht auch vom Leben von *N. N.* sagen?

Apokalyptische Schrecken rahmen das Leben Ihres verstorbenen Ehemanns, Vaters und Bruders ein. Seine Kindheit in *N.* war überschattet von den Schrecken des Krieges. Der Vater war, weil er bei den Nazis nicht mitmachte, nach Russland eingezogen und an die vorderste Front geschickt worden, wo er auch bald gefallen ist; die eigene Wohnung wurde ausgebombt, er selbst zusammen mit seiner Mutter in den Bayerischen Wald nach *N.* evakuiert. Diese apokalyptischen Kriegserlebnisse hat er zeitlebens nicht ganz verarbeitet. Sie haben in der Seele unseres Verstorbenen tiefe Spuren hinterlassen; Spuren, die wohl auch mitverantwortlich waren für die psychischen Probleme, die sein Leben überschattet haben – mal mehr, mal weniger.

Am Ende seines Lebens stehen die Schrecken der Krankheit. Von ihr gezeichnet, kaum mehr fähig, etwas zu essen, so habe ich ihn kennengelernt, wenn er sich gelegentlich zur monatlichen Krankenkommunion bei Ihnen, Frau *N.*, mit angeschlossen hat. So kam er im Frühjahr ins Krankenhaus, wo er seither nach einem Schlaganfall mit Herzstillstand lag, teilweise gelähmt, nur mit großer Mühe in der Lage, etwas zu sprechen. Nach einer kurzen Phase der Besserung, einem letzten Aufbäumen, ist er dort in der Nacht auf Montag friedlich eingeschlafen. Seine Lebenskraft war aufgezehrt.

Am Anfang und am Ende seines Lebens also Schrecken. Dazwischen liegt das Leben eines Menschen voller Durst nach Leben, aber auch mit mancherlei Brüchen und Umbrüchen.

Sehr naturverbunden, bis hin zu der Vorstellung, dass er selbst das Wetter beeinflussen könnte; mit Liebe zum Bayerischen Wald und zu seiner Heimat am *N.*-berg bei seiner Mutter und Ihnen, Herr *N.*, seinem Bruder; voller Freude an allem Lebendigen, vor allem in der Arbeit mit den Tieren am Hof von Familie *N.*, wo sein zweites Leben war. Als gelernter Bierbrauer hat er bei verschiedenen Brauereien zwischen Niederbayern, Schwaben und Köln sein Geld verdient und das Bier auch selbst zu genießen gewusst, bisweilen über das rechte Maß hinaus; ein Leben mit Ehe und Familie, aber auch mit Trennung und seelischen Verwundungen. Einer, der es geliebt hat, als freier Mensch zu leben. Ein Leben mit Brüchen und Umbrüchen eben. Manches davon ist wohl auch Ausdruck für den ungestillten Lebensdurst unseres Verstorbenen.

Für uns Christen, liebe Schwestern und Brüder, ist der Tag, an dem wir von einem Verstorbenen Abschied nehmen müssen, immer auch ein Tag, an dem wir durch all das Unfertige eines Lebens, durch seine Brüche und Umbrüche, auch durch die Schrecken, die über einem Leben liegen mögen, hindurchschauen dürfen auf die Hoffnung, die uns erfüllt. So wie die Apokalypse, das letzte Buch der Bibel, nach all seinen Schreckensvisionen am Ende dieses hoffnungsvolle Bild zeichnet, das wir in der Lesung gehört haben: Ein neuer Himmel und eine neue Erde warten auf uns, wo kein Tod, keine Trauer, keine Klage und keine Mühsal mehr sein werden, denn Gott macht alles neu. Aller Lebensdurst wird bei Gott gestillt sein. Alles Unfertige und Bruchstückhafte wird er ganz machen.

Es hat etwas zu bedeuten, dass wir am Begräbnistag die Osterkerze anzünden und in den Tagen der Trauer auch österlich gefärbte Lieder singen. Denn ein christlicher Begräbnistag ist immer auch ein Ostertag. Das sind unser Glaube und unsere Hoffnung: dass das Todesdunkel am Ende aufgebrochen wird durch die Kraft der Auferstehung Jesu und unser Weg hineinführt in die Herrlichkeit Gottes.

So dürfen wir glauben, dass *N. N.* nun näher an Gott herangetreten ist als wir, die wir noch auf der Straße dieser irdischen Pilgerschaft unterwegs sind. Sein Tod hat ihn näher herangeführt an diesen neuen Himmel und diese neue Erde, in deren Mitte Gott wohnt, der jedem Lebensdurstigen zuspricht: „Wer durstig ist, den werde ich umsonst aus der Quelle trinken lassen, aus der das Wasser des Lebens strömt." Dieses Wasser, das Gott gibt, so haben wir Jesus im Evangelium sagen hören, stillt unseren Lebensdurst für immer; es schenkt uns ewiges Leben. Christus selbst hat uns in der Taufe diese Quelle erschlossen.

Ein Wort aus dieser Zusage Gottes scheint mir besonders wichtig, das sollen wir nicht überhören: umsonst. Kein Mensch kann sich den Himmel verdienen, noch das ewige Leben erkaufen. Weder mit guten Werken, noch mit Frömmigkeit. All das Gute, das unser Verstorbener getan hat, die Liebe, die er geschenkt hat, alles Wertvolle, das andere durch ihn erfahren haben, sein Glauben, Beten und Hoffen finden bei Gott seine Vollendung und Erfüllung. All das bleibt für die Ewigkeit, aber es ist nicht der Eintrittspreis für den Himmel. Am Ende unseres Lebens steht keine Abrechnung, ob die eigenen guten Werke für den Himmel reichen oder ob das überwiegt, was einer schuldig geblieben ist – Gott gegenüber und seinen Mitmenschen. Der Himmel bleibt immer Geschenk. Umsonst wird Gott uns aus jener Quelle trinken lassen, aus der das Wasser des Lebens strömt. Der Himmel ist umsonst, gratis – das heißt: aus Gnade, nicht aus eigenem Verdienst.

Darum dürfen wir zuversichtlich sein, dass auch für *N. N.* jetzt, am Ende seines Lebens, wie im letzten Buch der Bibel, der Apokalypse, trotz allem Schrecken, allen Brüchen und Bruchstückhaftem, allem Schatten, der über seinem Leben lag, unaufhaltsam und strahlend die neue Welt Gottes aufbrechen wird. Dass Christus ihn heimführen wird zu Gott, der Quelle des Lebens, bei dem sein Lebensdurst auf ewig gestillt sein wird. Denn auf uns wartet kein Schrecken ohne Ende, auch kein Ende mit Schrecken. Am Ende unseres Lebens wartet auf uns der Himmel – von Gott geschenkt.

Am Ortsrand und am Rand der Gesellschaft

Völlig verwahrlost nach jahrzehntelangem Alkoholmissbrauch verstarb der 69-jährige alleinstehende Landwirt. Er lebte nicht nur am äußeren Rand der Gemeinde, sondern auch im sozialen Abseits der Gemeinschaft. Begegnungen mit ihm waren bisweilen furchteinflößend. Mit Tieren konnte es der Verstorbene besser als mit Menschen.

Lesung: 1 Sam 16,1b.6–13a
Evangelium: Lk 8,26–39

Eine merkwürdig düstere Episode überliefern uns die Evangelien aus dem Leben Jesu: Da ist ein Mann, der außerhalb der menschlichen Gemeinschaft in den Grabhöhlen am Rande des Ortes lebt, der schon von seinem Äußeren her und auch durch sein Benehmen sich abseits der Konventionen eines normalen bürgerlichen Lebens bewegt, der von den Bewohnern des Ortes gemieden wird, weil er ihnen mit seinem Verhalten Angst macht, so sehr, dass sie sagen: Der ist von einem Dämon besessen. Und dann noch die eigenartige Sache mit den Schweinen, die sich in den See stürzen, nachdem Jesus den Dämon in sie fahren hat lassen. Vermutlich verbirgt sich hinter diesem Besessenen von Gerasa die Lebensgeschichte eines Menschen, der sein Leben einfach nicht mehr auf die Reihe gekriegt hat, wie wir so sagen, und der durch das soziale Netz der damaligen Gesellschaft gefallen ist. So fristete er sein Dasein im Abseits der bürgerlichen Gemeinschaft.

In mancher Hinsicht erinnert mich diese Figur aus dem Neuen Testament an unseren Verstorbenen *N. N.* Nicht nur sein Wohnort in *N.* lag ganz am Rande unserer Gemeinde, auch sonst hat er am Rand oder gar außerhalb unserer Gemeinschaft gelebt; ja, man muss es so sagen, unter zum Teil haarsträubenden äußeren Verhältnissen dahinvegetiert, ähnlich dem Besessenen, von dem die Heilige Schrift erzählt, dass er verwahrlost und ohne vernünftige Kleidung in seiner Grabhöhle gehaust hat. So, wie dieser die Leute mit seinem unartikulierten Schreien verschreckt hat, so ist auch *N. N.* denen gegenüber, die ihm begegnet sind, manchmal grob geworden, wenn er zu viel getrunken hatte, sodass man ihm lieber aus dem Weg gegangen ist. Mit Tieren hingegen konnte er zum Teil sehr liebevoll umgehen. Seine Katzen, die zwei Hunde und die Tauben, die gingen ihm vor alles andere. Der Alkohol, das war sein Dämon, der *N. N.* seit vielen Jahren im Griff hatte, so sehr, dass er wie der Besessene von Gerasa oft nicht mehr Herr seiner selbst gewesen ist. Er hat ihn schließlich zugrunde gerichtet.

Alleinstehend wie Ihr Bruder und Onkel war, haben Sie, liebe Familie *N.*, sich aus der Ferne um ihn gekümmert und ihm geholfen, die Arbeit auf seinem Hof zu bewältigen. Seit gut einem Jahr haben zudem Sie, Herr *N.*, sich um *N. N.* angenommen: ihm sein Anwesen abgekauft und im Gegenzug für ihn gesorgt, was Wohnen, Essen und medizinische Versorgung anbelangt. Aufzuhalten war sein körperlicher Zusammenbruch jedoch nicht mehr. In den ersten Januartagen mussten Sie ihn ins Krankenhaus bringen, wo er nach zwei Tagen auf der Intensivstation ins Koma gefallen ist. Am Dienstagabend ist er im Krankenhaus in *N.* im Alter von 69 Jahren an den Folgen des jahrelangen Alkoholmissbrauchs gestorben.

Dabei hatte sein Leben nicht schlecht begonnen. Nachdem seine Eltern lange kinderlos geblieben waren und die fünfjährige *N.* als Pflegekind angenommen hatten, kam *N. N.* am *[Datum]* in *N.* zur Welt. Zwei jüngere Geschwister verstarben leider bereits im Kindesalter. Bei Bauern in der Umgebung und auf dem elterlichen Hof hat unser Verstorbener in der Landwirtschaft gearbeitet und 1975 das Anwesen von seinen Eltern übernommen. Als junger Mann hat er in der Ziegelei *N.* in *N.* als Laderfahrer zu arbeiten begonnen, wo er 35 Jahre lang geblieben ist, bis die Firma den Betrieb eingestellt hat. Bei seinen Kollegen war er sehr beliebt. Weil ihm noch ein paar Jahre bis zur Rente gefehlt haben, hat ihn die Gemeinde *N.* im Anschluss daran zwei Jahre als Gemeindearbeiter beschäftigt. Dazu hat er in all den Jahren sein Anwesen im Nebenerwerb betrieben. Sein Patenkind *N.* mit seiner Familie sowie Freunde und Bekannte aus dem Dorf haben ihn dabei tatkräftig unterstützt.

N. N. war also eigentlich ein fleißiger Mensch, hat sogar für sein Milchvieh einen neuen, großen Stall gebaut und war stolz auf seine neuen Maschinen. Dabei war ihm jeweils wichtig, dass dies mit dem Segen Gottes versehen wurde. Mehrfach hat ihm Pfarrer *N. N.* den Segen auf den Hof gebracht. *N. N.* hat sich außerdem sehr für das Zeit- und Weltgeschehen interessiert. Über das Radio, das er bis zuletzt den ganzen Tag lang gehört hat – mit Nachrichten, mit der Katholischen Morgenfeier am Sonntag und mit Volksmusik –, war *N. N.* über alles informiert, was in der Welt vor sich gegangen ist. Er hat auch durchaus Sinn für Gemeinschaft gehabt. Er liebte die Geselligkeit, das Feiern unter Freunden, und war ein gern gesehener Gast. Vor allem bei der Freiwilligen Feuerwehr *N.* hat er sich als Vereinsmitglied sehr wohl gefühlt. Bei ihren Veranstaltungen war er gerne mit dabei. Ihr hat er als Gönner auch immer wieder Geld zukommen lassen.

Eigentlich ein einigermaßen solides Leben, wenn da nicht der Dämon Alkohol gewesen wäre, der auch schon von seinem Vater Besitz ergriffen hatte. *N. N.* hat es wohl von klein auf nicht anders kennengelernt. Mit diesem unreinen Geist aus der Flasche hat sein unaufhaltsamer Absturz begonnen.

Angesichts der traurigen Lebensgeschichte unseres Verstorbenen, seiner gescheiterten Existenz, fragen wir vielleicht kopfschüttelnd, wie es mit einem Menschen so weit kommen kann, dass einer sich so gehen lässt und selber regelrecht aufgibt. Doch darüber haben wir nicht zu urteilen und wollen wir auch nicht richten. Um die Gründe weiß Gott allein. Wir Menschen sehen immer nur, wie es in der Lesung so schön geheißen hat, „was vor den Augen ist", die Außenseite eines Menschen. Und was wir da bei *N. N.* sehen, ist wahrlich nicht schön.

Gott aber sieht dem Menschen ins Herz. Das ist eines der ganz tröstlichen Worte der Bibel. Gott wird unserem Verstorbenen ins Herz schauen und das Gute seines Lebens zu würdigen wissen. Auch das Gute, das in seinem Herzen gesteckt hat und das – auch welchen Gründen auch immer – im Leben nicht zum Tragen gekommen ist. Und vor allem: Wenn Gott ihm ins Herz schaut, dann erkennt er da trotz allem sein Geschöpf, das nach Gottes Ebenbild geschaffen und zur Gemeinschaft mit ihm berufen ist. Und Gott will doch sicher, dass keines seiner Geschöpfe verloren geht.

Was mich im Blick auf die traurige Lebensgeschichte unseres Verstorbenen tröstet, das findet sich gerade in dieser merkwürdig düsteren Begebenheit von der Heilung des Besessenen von Gerasa. Sie zeigt mir: Wo Menschen an diesen am Rande der Gesellschaft lebenden, verwahrlosten und in mancher Hinsicht sogar Angst einflößenden Menschen nicht mehr herangekommen sind, wo sie nichts mehr ausrichten konnten, um ihn in ihre Gemeinschaft zurückzuholen, da weicht Jesus dennoch nicht aus. Er hat auch da noch Macht und Möglichkeiten. Jesus schreckt nicht vor der Begegnung mit ihm zurück. Er geht auf ihn zu und nimmt sich seiner an. Er sieht in ihm nicht bloß den hoffnungslosen Fall, sondern den Mitmenschen und das Geschöpf Gottes. Und so heilt er ihn und rettet so sein Leben. Dass Christus das auch bei unserem verstorbenen Bruder tun kann, dass er sein Leben retten wird – wenn das schon nicht in dieser Welt möglich war, so doch zumindest in der künftigen, jenseitigen Welt –, in dieser gläubigen Zuversicht wollen wir *N. N.* heute Christus anvertrauen.

Des Menschen Wille ist sein Himmelreich

Die 82-jährige kinderlose Witwe war mit einem sehr starken Eigenwillen ausgestattet, den sie vielfach durchzusetzen gewusst hat. Mit ihrer dominanten, manchmal herrischen Art hat sie auf viele Mitmenschen abweisend gewirkt. So wurde die Verstorbene auch von ihren Brüdern im Trauergespräch unverhohlen geschildert. Nachdem sie gegen den Rat der Ärzte aus dem Seniorenheim zurück in das eigene Haus gezogen war, ist die gläubige Frau bald darauf dort schwer gestürzt und an den Folgen des Sturzes gestorben.

Lesung: Gal 3,6–14
Evangelium: Joh 6,37–40

„Des Menschen Wille ist sein Himmelreich", so sagt es das Sprichwort. Darin steckt die Einsicht, dass die Willenskraft eines Menschen nicht bloße Gedanken sind, flüchtigen Bildern gleich, sondern eine starke Antriebskraft darstellt, die Realitäten hervorbringt. „Des Menschen Wille ist sein Himmelreich", das meint aber auch, dass ein Mensch in seinen Vorstellungen manchmal so festgelegt sein kann, dass er sich durch nichts und niemanden davon abbringen lässt.

Das haben Sie, liebe Angehörige, in den letzten Monaten bei Ihrer Schwester, Schwägerin und Tante so erlebt. Nach dem Tod ihres Ehemanns im November letzten Jahres wollte sie unbedingt aus dem Seniorenheim wieder zurück in ihr eigenes Haus, an dem sie so sehr gehangen hat – gegen alle Vernunft. Da hat sie sich nichts sagen lassen, sondern ihren Willen durchgesetzt. Seit Januar hat sie sich in ihrem Haus in der *N.*-er Straße, das sie sich mit ihrem Mann *N.* in *N.* gebaut hatte, unter Mithilfe des Pflegedienstes und ihres Bruders *N.* weitgehend selbst versorgt. Doch bald kam, was zu befürchten war: Nach einem Sturz und dem daraus resultierenden Oberschenkelhalsbruch kam sie trotz Reha, nach einer weiteren Operation, einem erneuten Sturz und anderen Komplikationen nicht mehr auf die Beine. Am *[Datum]* ist sie in *N.* im Alter von 82 Jahren verstorben.

So, wie sie hier ihren Kopf durchgesetzt hat, war das durchaus typisch für *N. N.* Ein starker, eigener Wille, der ganz genau gewusst hat, wie etwas zu sein hat, eine bestimmende, dominante, bisweilen ich-bezogene Art, so haben Sie mir Ihre Schwester geschildert, die war ihr zeitlebens zueigen – mit den positiven wie negativen Auswirkungen, die so ein Wesenszug mit sich bringt.

Für ihre Berufstätigkeit als Verwaltungsangestellte, wo es auf ein genaues, akkurates Arbeiten ankommt – zunächst, nach ihrer Schulzeit in *N.*, bei der Gemeinde *N.*, danach im Landratsamt *N.* und schließlich, bis zu ihrer Hochzeit, im Landwirtschaftsamt in *N.* –, da war das sicher von Vorteil. Auch in der Ehe mit ihrem Mann *N.*, mit dem sie 56 Jahre verheiratet war, war *N. N.* der dominierende Part. Mit ihm ist sie an seine jeweiligen Dienstorte gezogen – zunächst nach *N.* und dann zurück nach *N.* – und hat ihm als Hausfrau Heim und Garten versorgt; genauso akkurat und sauber. Bei ihrem großen Hobby, der Gartenarbeit, da durfte kein herabgefallenes Blatt auf dem Rasen liegen oder irgendwo ein Gräslein wachsen, wo das ihrer Meinung nach nicht hingehörte.

Dieser ausgeprägte Wille und ihre bestimmende Art, mit der *N. N.* diesen oft geäußert hat – ich glaube, das brauchen wir nicht zu verschweigen –, haben aber auch dazu geführt, dass unsere Verstorbene im Umgang mit anderen bisweilen als kantig, hart und eigensinnig erlebt worden ist. Warum das bei ihr so gewesen ist, das wissen wir nicht. Darüber haben wir auch nicht zu urteilen. Manches Mal hat sie unter den vielen Werkzeugen, die ein Handwerker in seinem großen Werkzeugkoffer liegen hat, an eine Beißzange denken lassen. Aber auch die hat ja bekanntlich ihren Nutzen und ihren guten Sinn. Auch die kann Gott als sein Werkzeug gebrauchen. Wie ein guter Handwerker weiß er mit allen menschlichen Werkzeugen umzugehen und sie recht zu gebrauchen. Das wird auch für Ihre verstorbene Schwester, Ihre Schwägerin und Tante gelten.

Denn so haben wir in der Lesung diesen nicht ganz leicht nachzuvollziehenden Gedankengang des Apostels Paulus gehört: Nicht durch eigene Werke, durch eigene Leistung wird der Mensch gerecht vor Gott (Stichwort: Gesetz). Nicht wir selbst wirken unser ewiges Heil durch fromme Werke. Wir können uns den Himmel nicht selbst erarbeiten und verdienen. Das wird keiner aufgrund eigener Willensanstrengung schaffen. Sondern der aus Glauben Gerechte wird leben. Wer sich im Glauben an Christus hält, wer im Vertrauen auf ihn sein Leben lebt und entsprechend gestaltet, der darf – trotz aller menschlichen Schwachheit – darauf vertrauen, dass sein Leben am Ende mit Christus zur Vollendung bei Gott gelangen wird.

Und das, so glaube ich, dürfen wir von *N. N.* zu Recht sagen, dass sie ihre Hoffnung gläubig auf Christus gesetzt hat – in einem sehr religiös geprägten Leben: als regelmäßige Kirchgängerin in der Wallfahrtskirche *N.* und die letzten Jahre mittels der Fernsehgottesdienste am Sonntag, auch mit dem Einschreiben von Messen für ihre Verstorbenen.

Deshalb dürfen wir darauf vertrauen, dass Christus sie auch im Tod nicht vergessen wird, sondern sie in jenes neue Leben bei Gott führen wird, in das er uns in seiner Auferstehung vorausgegangen ist. Denn, so haben wir im Evangelium aus dem Mund Jesu gehört, „es ist der Wille dessen, der mich gesandt hat, dass ich keinen von denen, die er mir gegeben hat, zugrunde gehen lasse, sondern dass ich sie auferwecke am Letzten Tag". Jesus bezeugt uns damit: Gott will Leben für uns. Es ist sein Wille, dass wir Leben haben über unseren leiblichen Tod hinaus.

In jedem Vaterunser beten wir: „Dein Wille geschehe" – so auch jetzt bei der Messe und auch nachher am Grab. In dieser Zuversicht auf den Willen Gottes begehen wir heute die Trauerfeier für *N. N.* Denn wenn schon des Menschen Wille in der Lage ist, Wirklichkeit zu schaffen, um wie viel mehr dann der Wille Gottes? Wir tun es im Vertrauen darauf, dass sein Wille für uns nicht einfach blindes, willkürliches Geschick ist, sondern das, was Jesus uns verheißen hat: „Es ist der Wille meines Vaters, dass alle, die den Sohn sehen und an ihn glauben, das ewige Leben haben und dass ich sie auferwecke am Letzten Tag."

Die Taufe als Tür zum ewigen Leben

Wenige Tage nach seinem 81. Geburtstag erlag der ehemalige Landwirt, der in äußerlich kritischer Distanz zur Kirche dennoch einen verborgenen Glauben gelebt hat, seiner Krebserkrankung. Er bewohnte ein Haus, das aus den Bruchsteinen der alten Pfarrkirche erbaut ist, die während der Säkularisation abgebrochen worden war. Als Türschwelle wurde der alte Taufstein verlegt. Auf dieses historische Gebäude war der Verstorbene sehr stolz.

Lesung: 2 Kor 5,1.6–10
Evangelium: Joh 14,1–6

Es gehört zu den Grunderfahrungen und den Grundbedürfnissen unseres Menschseins, dass wir ein Zuhause haben. Nicht bloß ein Dach über dem Kopf, sondern wirklich ein Zuhause. Einen Ort, wo ich daheim bin, wo ich ganz ich selbst sein darf, wo ich hingehöre, wo ich meinen Platz habe.

Ihr verstorbener Ehemann und Vater hatte diesen Ort gefunden: in seinem Haus, dem „G'schlössl"[4], wie es hier im Ort genannt wird. Auf dieses historische Gebäude war er besonders stolz. Mit dem „G'schlössl" war sein Leben engstens verbunden. Dort, auf dem Hof seiner Eltern und Großeltern, ist er geboren worden. Dort ist er aufgewachsen, dort hat er gelebt, dort hat er sein Leben lang gearbeitet. Dieses Haus mit seinem geschichtsträchtigen Gemäuer hat er geliebt, das historische Erbe gepflegt und in Schuss gehalten. In seinem Haus durfte er nun, wie es sein Wunsch war, auch sterben. Damit haben Sie ihm, liebe Angehörige, ein letztes großes Geschenk gemacht.

In mancher Hinsicht ist dieses „G'schlössl" vielleicht auch ein Sinnbild für sein Leben und seinen Glauben. Als ich bei Ihrem 70. Geburtstag zu Besuch war, Frau *N.*, da hat er mir davon erzählt, dass dieses Haus mit Bruchsteinen der alten *N.*er Kirche erbaut ist. Als Türschwelle, so hat man bei Ausgrabungen entdeckt, wurde der alte Taufstein ver-

4 Umgangssprachlich für „Schlösschen".

wendet. Der Taufstein als Tür, die Taufe als Tür – das ist ein wunderbarer Gedanke. In der Taufe hat sich für Ihren Ehemann und Vater eine Tür geöffnet. Er wurde aufgenommen in die Gemeinschaft der Kirche, er durfte eintreten in die Lebensgemeinschaft mit Christus. Seither hat er Anteil am Leben Jesu Christi, das stärker ist als der Tod.

Jedesmal wenn Ihr Mann über die Schwelle seines Hauses getreten ist, dann ist er über diesen alten Taufstein gegangen, dann war das – bewusst oder unbewusst – so etwas wie eine kleine Tauferinnerung: *N.*, du bist getauft, du gehörst Christus an, dein Leben ist geborgen in Gott. „Niemand kommt zum Vater außer durch mich", so haben wir Christus im Evangelium sagen hören. Ihr Vater gehört durch die Taufe zu Christus. So dürfen wir auch jetzt zuversichtlich glauben, dass ihm seine Taufe zur Tür wird, zur Tür ins ewige Leben. Dass ihn nun Christus an der Tür erwartet und ihm zuruft: *N.*, komm herein zu mir ins ewige Leben.

Liebe Schwestern und Brüder, das geliebte „G'schlössl" unseres Verstorbenen ist mit Bruchsteinen einer Kirche erbaut. Man könnte also sagen: Ihr verstorbener Vater hat Zeit seines Lebens in einer Kirche gewohnt. Dem „G'schlössl" sieht man diesen Kern freilich von außen nicht an; die Bruchsteine der alten Kirche sind unter dem Putz verborgen. Irgendwie, meine ich, trifft das auch auf Ihren Ehemann und Vater zu, ist das ein Sinnbild für seinen Glauben. Sein Glaube war nicht unbedingt auf den ersten Blick nach außen sichtbar. Dass er in der Kirche gewohnt hat, das würde wohl kaum einer von ihm sagen. Aber verborgen – sozusagen unter der Putzschicht seiner etwas rauen, aber herzlichen Art – war doch ein Glaube da; die Bausteine vielleicht nicht so gerade und fest gefügt wie bei einer fertigen Kirche, sondern eher in Bruchstücken.

Aber in so manchem ist sein verborgener Glaube dann eben doch sichtbar geworden. Etwa in seiner Ehrfurcht vor der Schöpfung, mit der er seine Landwirtschaft betrieben hat. Die Liebe zur Natur hat ihn bis in seine letzten Lebenstage hinein gekennzeichnet. Oder dass er in fast 53 Jahren Ehe mit seiner Frau treu durch alle Höhen und Tiefen des Lebens gegangen ist. Auch seine zuversichtliche Gelassenheit, mit der er seine schwere Krankheit getragen hat, obwohl er wusste, wie es um ihn steht, gehört hierher. Ebenso, dass er selbst in den Tagen seines Sterbens nicht nur an sich gedacht hat, sondern auch an Menschen, die die gleiche Krankheit haben wie er. Statt eines Leichenschmauses wollte er, dass dieses Geld für Krebskranke gespendet wird. Kleine Schlaglichter seines verborgenen Glaubens waren das.

An seinem Sterbebett, liebe Schwestern und Brüder, haben wir den Text aus der Bibel gelesen, den wir gerade noch einmal als Lesung gehört haben: „Wir wissen, wenn unser irdisches Zelt abgebrochen wird, dann haben wir eine Wohnung von Gott, ein ... ewiges Haus im Himmel.“ Das ist es, was wir für Ihren verstorbenen Ehemann und Vater aus unserem Glauben heraus erhoffen dürfen: dass Gott ihm nun, nachdem sein irdisches Leben ans Ende gelangt ist, ein ewiges Haus bereitet hat. Nicht bloß ein Dach über dem Kopf, sondern ein wirkliches Zuhause, sein ewiges Zuhause bei Gott, wo er sich mindestens so wohl fühlt wie in seinem geliebten „G'schlössl“.

Verzeichnis der zitierten Schriftstellen